Transalp mit dem Motorrad

Rudolf Kuhl
Sven Degenhardt (Hrsg.)

Transalp mit dem Motorrad

Von Pass zu Pass quer durch die Alpen

Inhalt

Kehre 6
2563m ü.d.M.

Unterwegs auf der slowenischen Vršič-Passstraße in den Julischen Alpen

Vorwort

Die Alpen sind nicht nur das höchste, sondern sicher auch das abwechslungsreichste Gebirge Europas. Auf 200.000 Quadratkilometern finden sich neben dem mit 4810 Metern höchsten Gipfel, dem Mont Blanc, alleine 127 weitere 4000er. Und überall dazwischen liegen, verbunden durch malerische Täler, die vielen tausend Kilometer anspruchsvoller, spannender und faszinierender Pass- und Bergstraßen, die uns eine schier unüberschaubare Vielzahl großartiger Tourmöglichkeiten bieten.

Drei große Transalp-Touren beschreibt dieses Buch. Die erste führt vom Bodensee aus in weitem Bogen gen Süden und Westen durch den zentralen Alpenraum ins schweizerische Wallis. Auf dem Weg über 23 Pässe und 1100 Kilometer werden dabei satte 40 000 Höhenmeter zurückgelegt.

Die zweite Transalp-Tour beginnt ebenfalls am Bodensee, schlägt sich von dort aus aber nach Osten bis in die Julischen Alpen hinein nach Slowenien. Im Vergleich zu den Westalpen sind die Berge in den Ostalpen niedriger und die Täler sanfter. Auch die Pässe erreichen nicht das Höhenniveau der Westalpen, der Spaßfaktor beim Motorradfahren dagegen schon.

Die dritte Transalp-Tour führt durch die Westalpen von Nord nach Süd auf der legendären »Route des Grandes Alpes«. Sie ist weit mehr als nur eine Touristenstrecke. Für viele Motorradfahrer verbirgt sich dahinter der ganz große Traum, der dann auf dem Weg zum Mittelmeer auf den höchsten Pässen und vorbei an den höchsten Gipfeln der Alpen wahr wird.

Insgesamt 48 zusätzliche und nicht minder spannende Touren haben wir den drei großen Transalp-Touren zugeordnet. Die Reihenfolge entspricht der Erreichbarkeit von der jeweiligen Transalp-Tour. Dank der zahlreichen Querverweise lassen sich die Touren nahezu beliebig miteinander kombinieren, ganz nach dem eigenen Geschmack und der zur Verfügung stehenden Reisezeit.

Erkundet wurden die drei großen Transalp-Touren übrigens auch im Rahmen dreier filmischer Reisedokumentationen der Zeitschrift TOURENFAHRER. Zu allen Touren bietet der TOURENFAHRER außerdem die passenden GPS-Daten. Mehr Informationen zu den Navigationsdaten und Filmen finden Sie unter www.tourenfahrer.de und auf Seite 160.

Viel Vergnügen mit diesem Buch und herrliche Erlebnisse in einer der schönsten Motorradregionen der Erde wünschen Ihnen

Rudolf Kuhl und Sven Degenhardt

Am Stilfser Joch – hier geht's gleich 48-mal so richtig rund.

EIN ALPENTOURER...

Nirgendwo sonst ist man dem Motorradfahrerhimmel so nah wie in den Alpen. 23 Pässe, 1100 Kilometer und satte 40.000 Höhenmeter, das sind die Eckdaten dieser Alpentour, die am Bodensee beginnt und im Wallis endet.

Das ist doch wohl der perfekte Start in eine spätsommerliche Alpentour: Die Septembersonne lacht vom blauen Himmel, wir sitzen unweit des Bodensees in einem Biergarten bei herzhafter Brettljause, und Adelbert Rist, Gastgeber im TF-Partnerhaus Gasthof Seerose in Kressbronn, versorgt uns mit ein paar Insidertipps für unseren Toureinstieg – nicht ohne diese jedoch mit ein wenig »Bikerlatein« auszuschmücken, wie: »Bei mir isch des so, wenn i' von aner Tour heim kumm, dann brau' i' ka' neie Reife, dann brau' i' a' Paar neue Fußraschter!« Einem solchen Satz folgt dann aber auch ein unnachahmlicher, lang anhaltender Lacher.

Mit den Lachern noch in den Ohren machen wir uns auf zu einer Motorradreise, die uns vom Bodensee ins Schweizer Wallis führen soll. Wir wollen Pässe, Kurven und Kehren unter die Räder nehmen – wollen schauen, staunen, genießen und fahren, fahren, fahren.

Im österreichischen Bregenz sagen wir dem Bodensee ade, steuern das Städtchen Dornbirn an. Mitten in der Stadt beginnt der Aufstieg auf den Losenpass, der allgemein »Bödele« genannt wird. Auf kurzer Distanz geht's über 750 Höhenmeter auf 1140 m hinauf. Leider verwehrt der Wald den Blick zurück zum Bodensee, doch die sanft abfallende Ostrampe entschädigt dafür mit einem Panoramablick weit übers »Ländle«, wie die Einheimischen ihren Bregenzerwald nennen.

In Schwarzenberg erreichen wir den Talgrund. Der malerische Ort weiß mit einigen der schönsten Häuser der Region zu begeistern. Sie stehen gleich am Dorfplatz, sind fast 300 Jahre alt, aus Holz erbaut und größtenteils mit den für den Bregenzer Wald typischen winzigen Holzschindeln verkleidet. Das Ortsschild in Au sieht mit seinen zwei einsamen Buchstaben merkwürdig leer aus.

Schwungvoll: der Splügenpass auf seiner Nordrampe (unten). Bei »Kaiserwetter« unterwegs am Albulapass (rechts).

Julierpass und Silvaplanersee (oben links). Rast im Tiroler Lechtal (oben rechts). Die Via Mala – der Hinterrhein zwängt sich auf seinem Weg nach Norden durch eine enge Klamm (rechts).

Nicht so die Straße. Die ist völlig voll gesch…, denn in Au und Umgebung ist heute Almabtrieb. Und so finden wir uns ein wenig weiter auch in einem ziemlich »haarigen« Stau wieder. Vorbei am hübschen Kirchlein des Bergdorfes Schröcken zielen wir auf den 1675 m hohen Hochtannbergpass, einen der nördlichsten Alpenübergänge überhaupt.

Die Westrampe ist teils imposant ausgebaut. So steht eine lang gezogene Kehre zur Hälfte auf Betonstelzen hoch über grünen Bergwiesen. Im Scheitelbereich hingegen ist der Asphalt nur knapp zweispurig. Die Ostrampe, die uns hinab ins Tiroler Lechtal führt, geizt leider ein wenig mit Kurven. Am Ortsrand von Elmen sagen wir dem malerischen Lechtal bereits wieder ade, schrauben uns das Hahntennjoch hinauf. Schöne Kehren, Top-Asphalt, ein extrem hoher Genussfaktor.

Hinab nach Imst im Oberinntal quert die Straße mächtige Muren. Lange Passagen, an denen bei heftigen Regenfällen Geröllmassen talwärts schieben und die immer wieder für eine plötzliche Sperrung des Passes sorgen.

Das verkehrsreiche Oberinntal kreuzen wir nur, verschwinden gleich im Eingang zum Pitztal. Teils zähe Kost bietet die schmale und versteckt gelegene Straße über die Piller Höhe – zumindest was ihre Straßenbeschaffenheit angeht. Landschaftlich ist sie ein echter Leckerbissen. Der Ausblick über das Oberinntal ist einfach gigantisch. »Los komm«, sagt Markus, »die Kaunertaler Gletscherstraße packen wir heute noch«. Zwölf Euro werden an der Mautstelle kassiert. Dafür dürfen wir uns entlang der schillernden Oberfläche des Gepatschspeichers und über 29 Kehren auf 2750 m Meereshöhe hochschrauben. Und den Kurvenspaß gibt's immerhin doppelt, denn unterhalb der Gletscherzunge des Weißseeferners endet die Straße, und es geht durch die 29 Kehren wieder talwärts.

> Und so finden wir uns ein wenig weiter auch in einem haarigen Stau wieder

»Der frühe Vogel fängt den Wurm« – wir sind am nächsten Morgen früh im Kaunertal gestartet und punktgenau mit den ersten Sonnenstrahlen am ersten Pass. Es ist die Norberthöhe. Die wunderschöne Kurven- und Serpentinenstrecke mit dem langweiligen Namen beginnt direkt am Schweizer Grenzposten zum Unterengadin. Nach 30 Metern verläuft sie aber schon wieder auf Tiroler Boden, um dann auf Höhe des Ortes Nauders auf den Reschenpass zu stoßen. Dreimal geschaltet und wir sind schon am Reschensee. Bei dessen Aufstauung im Jahr 1950 musste das Dorf Graun dem Wasser weichen und wurde weiter oberhalb neu errichtet. Einzig der Turm

der Pfarrkirche von Alt-Graun ist erhalten geblieben und überragt heute den Wasserspiegel des Sees. Ein paar Kehren weiter beginnt der Vinschgau. Im mittelalterlichen Städtchen Glurns treffen wir auf Ludwig. So machen wir uns im Trio auf, um im Schatten des mächtigen, 3905 m hohen Ortler-Massivs die Bikes durch die 48 Kehren der Nordrampe des Stilfser Jochs brummen zu lassen.

48 enge und steile Kehren und über 1800 Höhenmeter auf einer Strecke von nur 25 km. Damit ist das Stilfser Joch einer der anspruchsvollsten Pässe der Alpen und selbst für geübte Bergfahrer immer wieder eine echte Herausforderung.

Ein Muss auf dem mit 2758 m höchsten Pass Italiens ist der Stopp am Würstl-Stand von Richard. »Wenn i' a' Geld g'nug hätt', würd' i' all die Würschtl selber essen«, erzählt das Stilfser-Joch-Original wieder einmal. Schade drum, wenn er es denn wirklich täte, denn die mit Kraut und Senf in einem Vinschgerl dargereichten Bratwürste sind saugut!

Nur fünf Kehren unterhalb des Stilfser Jochs liegt auf der italienisch-schweizerischen Grenze der Scheitelpunkt des Umbrailpasses. »Sanft geschottert« wäre die passende Beschreibung dessen, was uns da unter die Räder der Bikes kommt. Der streckenweise fehlende Asphalt macht ihn zum Exoten unter den Schweizer Pässen. Leider gibt es Bestrebungen, bald die Asphaltkocher anrücken zu lassen, um diesem letzten Stück Naturstraße den Garaus zu machen. Der Abstieg ins Münstertal im Schweizer Kanton Graubünden ist längst asphaltiert. Er führt uns nach Müstair, wo wir die Nacht verbringen. Der Pässereigen des nächsten Tages wird mit dem Ofenpass eröffnet. Dieser führt durch den Schweizer Nationalpark, den ältesten Nationalpark der Alpen. Die Bikes werden

Freie Fahrt am San-Bernardino-Pass – der Verkehr brummt unten durch (links). Nur der Kirchturm zeugt noch von der im Reschensee versunkenen Ortschaft Alt-Graun (oben links). Schroffe Bergwelt am Scheitelpunkt der Forcola di Livigno (oben rechts).

zu Zeitmaschinen – wir betrachten einen alpinen Lebensraum, in dem die Natur seit fast hundert Jahren uneingeschränkt sich selbst überlassen ist.

In einer Talsenke liegt die Einfahrt zum Munt-la-Schera-Tunnel. Dessen einspurige Röhre bringt uns vom schweizerischen Engadin in die zur Lombardei zählende italienische Gemeinde Livigno, spuckt uns dabei an seinem Ende ans Ufer des Lago del Gallo.

Das Bergpanorama der gegenüberliegenden Seite steht Kopf in der spiegelglatten Wasseroberfläche des viele Kilometer langen Sees. Bis zum Bau des Munt-la-Schera-Tunnels in den frühen 60er-Jahren war das über 1800 m hoch liegende Livigno fünf Monate im Jahr von der Außenwelt abgeschnitten. Auf Veranlassung Napoleons wurde es im Jahr 1805 zur zollfreien Zone erklärt. Ein Status, der bis heute Bestand hat.

> »Sanft geschottert« wäre die passende Beschreibung dessen, was uns da unter die Räder der Bikes kommt

Nachdem unsere Tanks bis zum Rand vollgelaufen sind mit zollfreiem Benzin, wenden wir uns der Forcola di Livigno zu. 2315 m zeigt die Passtafel, und vor uns tut sich eine karge Bergwelt auf, hinter der sich in der Ferne die Gipfel und Gletscher der Berninagruppe in Szene setzen. Einige Kilometer weiter, an der Einmündung zum Berninapass, lassen wir Ludwig talwärts ins italienische Veltlin weiterziehen. Wir drehen den Lenker bergwärts, genießen eine packende Fahrt über griffigen und ebenen Asphalt, durch zügig zu fahrende Kehren und ewig lange Kurven.

Hier auf das nationale Landstraßenlimit von 80 km/h eingebremst zu sein, lässt uns einerseits mit den Schweizern ein wenig hadern, andererseits lässt sich so über unseren Köpfen das funkelnde Gletschereis am Piz Bernina, dem einzigen Viertausender der Ostalpen, vom Lenker aus betrachten. Dem Bernina folgt mit dem Albula, dessen Passhöhe auf 2315 m die europäische Wasserscheide markiert, gleich der nächste landschaftliche und fahrerische Kracher.

Nach dem kurvigen Aufstieg aus dem Oberengadin öffnet sich vor uns das Val d'Alvra, ein atemberaubend schönes Hochtal, das Erinnerungen an nordische Landschaften weckt. Auf der Nordrampe, die ins Albulatal hinunterführt, werden Federelemente und Bandscheiben strapaziert. Die ruppige Straße taucht unter den Viadukten der Albulabahn durch, über die bereits im Jahre 1903 der erste Zug fuhr. Die Albulabahn zählt mit ihren insgesamt 55 Tunneln und 39 Brücken bis heute zu den spektaku-

lärsten Schmalspurbahnen der Welt. Wir folgen dem Fluss Albula durch die schattige und feuchte Schinschlucht und wenden uns in Thusis nach Süden, der Via Mala zu. Es sind nur wenige Kilometer bis zur engen, tiefen Klamm, durch die sich der Hinterrhein mühsam seinen Weg nach Norden bahnt. Der Name Via Mala kommt aus dem Rätoromanischen und bedeutet »schlechter Weg«. Weltberühmtheit erlangte die Via Mala durch den gleichnamigen Roman des schweizerischen Schriftstellers John Knittel aus dem Jahre 1934 und dessen Verfilmung mit Mario Adorf in der Rolle des saufenden und gewalttätigen Müllers, der letztendlich von seiner eigenen Familie umgebracht und verscharrt wird. Eine durch und durch düstere Geschichte. Passend dazu legt sich in diesem Augenblick eine Wolke vor die Sonne, und ein scharfer Wind pfeift durch die Felsen.

Die Bikes bringen uns zurück unter eine wärmende und golden scheinende Abendsonne. Vor uns erhebt sich der fast 3000 m hohe Piz Beverin. Das graue Band des Glaspasses schlängelt sich ihm entgegen, durch bucklige, tiefgrüne Almwiesen. Die Gashand

Das Hahntennjoch, kurvige Verbindung zwischen Lech- und Oberinntal (links). Mittels Wasserkraft wird am Grimselpass Strom für eine Million Menschen erzeugt (oben links). In Kressbronn am Bodensee gibt's bei einer Brettljause Tipps für die Reise (oben rechts).

und alle Sinne werden noch einmal gefordert. Ganz oben, dort, wo es nur noch per pedes weitergeht, betten wir im urgemütlichen Berggasthaus Beverin unsere Häupter zur Ruhe.

Während wir mit kalten Reifen am nächsten Morgen den Glaspass hinab nach Thusis rollen, ringen Sonne und Wolken noch um die Vorherrschaft für den Tag. Erst in den Kurven am Julierpass ist klar, dass die Sonne auch heute das Rennen machen wird.

Sanft hebt uns der Julier über eine Strecke von 35 Kilometern auf seinen Scheitel in 2284 m Höhe. Kurz und knackig dagegen die nur sieben Kilometer messende Abfahrt an den Silvaplanersee in direkter Nachbarschaft zum mondänen St. Moritz. Eine kräftige Brise schlägt uns entgegen, weiße Schaumkronen tanzen auf dem See. Es ist Mittagszeit, und der sogenannte Malojawind weht. Es sind kalte Luftmassen aus dem tiefer gelegenen Bergell, die von hochsteigender Warmluft über den Malojapass nachgezogen werden. Ein Vorgang, der sogar sturmähnliche Ausmaße annehmen kann.

Der Malojapass – schon stecken wir mittendrin in seinen engen Kehrenfolgen. Völlig schnuppe, dass der Maloja die Bezeichnung Pass nicht so recht verdient, denn er besitzt nur diese eine, steile Rampe zwischen dem Oberengadiner Plateau und dem Bergell. Nach kurzer Kehrenabstinenz beginnt der Tanz von Neuem. Diesmal ist der Splügenpass unser Tanzboden. Seine aus dem italienischen Val San Giacomo kommende Südrampe überwindet auf einer Länge von 30 Kilometern stattliche 1800 Höhenmeter, wobei sich etliche Kehren in den finsteren Tunneln einer schroffen Felswand verbergen. Nach einem letzten Anstieg hinter dem Lago di Monte Spluga senkt sich die Nordrampe des Splügen mit schmalem Asphalt durch weite Almwiesen ins Tal des Hinterrheins hinab, wobei die Straßenbauer es an Kreativität nicht haben fehlen lassen.

Ein paar verschlafene Dörfer als kleine Atempause, dann ruft wieder der Berg. Es ist der San Bernardino, Pass Nummer 18 unserer Tour. Die knapp zweispurige Straße führt bis auf 2066 m Höhe. Dank tiefer liegender Straßenröhre dient sie heutzutage ausschließlich touristischen Zwecken. Wer hierher will, muss sich zwischen Juni und Oktober auf den Weg machen. In den restlichen Monaten hat der Winter alles fest im Griff. Die verdiente Pause auf der Passhöhe fällt kurz aus. Im Südwesten türmen sich

Der Grimselpass, einer der Höhepunkte dieser Alpentour in landschaftlicher und fahrerischer Hinsicht.

Wolken auf, die nichts Gutes ahnen lassen. Wir haben Glück. Der kräftige Schwung aus den Bergen reicht bis Biasca und hilft, den Regenwolken ganz knapp zu entkommen. Rund zweieinhalbtausend Höhenmeter hält dann der Lukmanierpass bereit. Und drei reizvolle Täler: im Süden Val Blenio und Valle Santa Maria, im Norden das Val Medel. Über seinen 1916 m hohen Scheitelpunkt verläuft die italienisch-deutsche Sprachgrenze. Daneben wird in Graubünden aber auch Rätoromanisch gesprochen, was Graubünden zum einzigen dreisprachigen Kanton der Schweiz macht.

Obwohl der Lukmanier im Süden ebenso wenig wilde Tornanti zu bieten hat wie flotte Kehrenfolgen im Norden, so weiß er mit weiten grünen Matten, Einsamkeit und sanftem Licht doch zu gefallen.

In der 1130 m hoch gelegenen Graubündner Gemeinde Disentis stoßen wir auf die von Ost nach West sanft auf 2044 m ansteigende Rampe des Oberalppasses. Viele einheimische »Töff«-Fahrer sind hier unterwegs. Sie genießen wie wir die landschaftlich und fahrerisch einzigartige Passage hinab nach Andermatt. Am Furka, dem letzten Pass für heute, sind wir den silbergrauen Bergspitzen ganz nah, während im fernen Talgrund der Lauf der noch jungen Rhône in der Sonne schimmert. Sie entspringt dem Rhônegletscher, dessen gewaltige Gletscherzunge Anfang des 20. Jahrhunderts noch weit ins Tal gereicht hat. Noch in den 70er-Jahren waren es nur wenige Schritte von einer der Kehren der Passstraße bis zu mächtigen Eisgrotten. Heutzutage ist eine kurze Wanderung nötig, um ans Gletschereis zu gelangen.

Eine gute Nacht, aber schlechte Nachrichten gibt's für uns im TF-Partnerhaus »Astoria« in Ulrichen. Die schlechten Nachrichten betreffen das Wetter, das umzuschlagen droht. So währt die Freude am nächsten Morgen auch nur kurz. Schon gleich am Grimselpass fahren wir in eine dichte und nasse Nebelwand. Auf der Passhöhe liegt die Temperatur nur noch knapp im Plusbereich, Schneegriesel fällt aus trostlos grauem Himmel. Nach dem zweiten Kaffee immer noch keine Änderung. Nach dem dritten Kaffee leisten wir einem alten Fahrensmann mit einer 1934er-Guzzi Schiebehilfe. Puff, puff, puff – verschwindet die rote Italienerin im Nebel, der sich wenige Minuten später lichtet. Ob's die gute Tat bewirkt hat?

Große Stauseen liegen an der Passstraße. Hier am Grimsel wird mit 700 Millionen Litern Wasser pro Jahr und neun Kraftwerken Strom für rund eine Million Menschen produziert – und das ohne Abgase. Unten im Haslital ist es gefühlte 15 Grad wärmer. Wir ziehen unsere Bahn durch sattgrüne Wiesen und malerische Dörfer. In Innertkirchen wenden wir uns dem Sustenpass zu, dem »Jüngling« unter den Schweizer Alpenpässen, denn die 45 km lange Passstraße wurde erst zwischen 1938 und 1945 gebaut. Roh in den Fels gehauene kurze Tunnel sind wie Tore in eine geheimnisvoll scheinende Bergwelt. Dünne Nebelschwaden kräuseln sich über nass glänzendem Asphalt, und zwei Motorradfahrer rollen in die Tunnelröhre auf dem Scheitel des Passes. Ende einer Reise über 23 der schönsten Alpenpässe. Und wir freuen uns jetzt schon auf die Fortsetzung.

Roh in den Fels gehauene Tunnel sind wie Tore in eine geheimisvolle Bergwelt

INFORMATION

Allgemeines: Die erste Transalp-Tour beginnt am Bodensee und quert die Alpen zunächst nach Süden bis nach Italien hinein. In Südtirol schwenkt sie dann nach Westen und reicht bis tief ins schweizerische Wallis hinein. Insgesamt 23 Pässe werden auf einer Strecke von 1100 Kilometern unter die Räder genommen und dabei satte 40.000 Höhenmeter erklommen.

Reisezeit: Da die Route vielfach jenseits der 2000-m-Marke verläuft, bleibt mit hoher Wahrscheinlichkeit auf schneefreie Pässe nur die Zeit von Mitte Juni bis Mitte Oktober. Wobei es sich beim Stilfser Joch empfiehlt, selbst im Juni und Oktober vor Fahrtantritt noch einmal zu prüfen, ob die Passhöhe tatsächlich schneefrei ist. Während der Ferienzeit muss in den Tälern und auf den Pässen mit recht hohem Verkehrsaufkommen gerechnet werden.

Reisedauer und Wegstrecke: Die zurückgelegten Höhenmeter auf den 23 Pässen summieren sich auf stattliche 40 Kilometer, bei einer Wegstrecke von insgesamt rund 1100 Kilometern. Mindestens vier Tage sollten für diese Alpentour eingeplant werden.

Die Route im Detail: Gefahren wurde vom Bodensee durch den Bregenzer Wald, durchs Lechtal, Inntal und Pitztal bis ins Kaunertal. Weiter ging es dann übers Oberinntal in den Vinschgau nach Veltlin, Val Müstair-Livigno, ins Oberengadin. Dann durchs Albulatal, über die Via Mala, Maloja, Bergell in die Lombardei. Schließlich führte der Weg übers Hinterrheintal ins Tessin, ins Vorderrheintal, nach Uri und schließlich ins Wallis.
Die Liste der Pässe lässt jeden Motorradfahrer ins Schwärmen geraten. In Klammern finden sich jeweils die Höhenangaben der Pässe und die zurückgelegten Höhenmeter (Hm).
1. Losenpass/Bödele (1140 m/1150 Hm); 2. Hochtannbergpass (1675 m/1370 Hm); 3. Hahntennjoch (1894 m/2000 Hm); 4. Piller Höhe (1560 m/ 1300 Hm); 5. Kaunertaler Gletscherstraße (2750 m/3500 Hm); 6. Norberthöhe (1407 m/ 1000 Hm); 7. Reschenpass (1455 m/50 Hm); 8. Stilfser Joch (2758 m/3500 Hm); 9. Umbrailpass (2503 m/250 Hm); 10. Ofenpass (2149 m/ 1200 Hm); 11. Forcola di Livigno (2315 m/ 700 Hm); 12. Berninapass (2330 m/950 Hm); 13. Albulapass (2315 m/1900 Hm); 14. Glaspass (1846 m/ 2252 Hm); 15. Julierpass (2284 m/ 1900 Hm); 16. Malojapass (1815 m/1200 Hm); 17. Splügenpass (2113 m/2450 Höhenmeter); 18. San-Bernardino-Pass(2066 m/2500 Hm); 19. Lukmanierpass (1916 m/2500 Hm); 20. Oberalppass (2044 m/1500 Hm); 21. Furkapass (2436 m/1800 Hm); 22. Grimselpass (2165 m/ 2100 Hm); 23. Sustenpass (2224 m/2900 Hm)

Übernachten: Motorradfreundliche Übernachtungsmöglichkeiten im Bereich der Tourstrecke finden Sie in folgenden Orten: Kressbronn/Bodensee – Au/Bregenzerwald – Schröcken/Hochtannbergpass – Schönau/ Lechtal – Feichten/Kaunertal – Ladis, Fiss, Serfaus, Ried/alle Oberinntal – Samnaun/Unterengadin – Nauders, Reschen, Graun/alle Reschenpass – Schlanders/Vinschgau – Sulden/Timmelsjoch – Müstair/Münstertal – Samedan/Oberengadin – Bergün/Albulapass – Passhöhe Glaspass – Tschappina/Glaspass – Maloja/Malojapass – San Giacomo Filippo/Splügenpass – Disentis/Oberalppass – Oberwald, Ulrichen, Gluringen, Bellwald/alle Wallis.

Maut: Bis auf die Kaunertaler Gletscherstraße führt die gesamte Route über mautfreie Straßen.

Karten: Michelinkarte Nr. 10729 »Schweiz«, Maßstab 1 : 400.000; Motorrad-Atlas »Alpenländer« von Hallwag, Maßstab 1:300.000

Anbindung Zusatztour 1

Zwischen Dornbirn und kurz vor Mellau nutzen die Transalp-Tour 1 und diese Tour ein Stück weit gemeinsam die B 200. Hier bietet sich eine gute Möglichkeit zum Umstieg. Alternativ kann man auch von Bregenz aus Richtung Südwesten auf die Tour 38 abzweigen.

Vom »Wäldle« ins Appenzeller Land

Malerisch geht's unentwegt zu bei dieser Tour durch die grünen Auen von Bregenzerwald, dem »Heidiland« bei Maienfeld und den Ostschweizer Kantonen Glarus und St. Gallen. Hoch hinaus geht es einzig am Furkajoch. Diese kleine und für den Verkehr unbedeutende und damit herrlich verkehrsarme Passstraße bestimmt auch den geeigneten Zeitpunkt für diese Reise, denn seine Wintersperre wird oft erst Anfang Juni aufgehoben. Der Tipp: Nicht nur im Appenzeller Land, sondern auch in vielen kleinen Betrieben im Bregenzerwald wird hervorragender Käse produziert, und einen guten Jausenspeck gibt's dort sowieso. Also: einkaufen und ab in die Wiese zum Picknick.

INFORMATION

Land/Region: Österreich/Vorarlberg
Tourregion: Bregenzerwald/Liechtenstein/Ostschweiz
Start- und Zielort: Bregenz am Bodensee
Streckenlänge: ca. 375 km (ohne Abstecher)
Zeitaufwand: Tages-/ Zweitagestour (reine Fahrtzeit ca. 10 Stunden)
Pässe und Bergstraßen: Losenpass/Bödele (1140 m), Furkajoch (1761 m), Luzisteig (713 m), Rickenpass (806 m), Schwägalp-Pass (1278 m)
Wintersperren: Einzig das Furkajoch unterliegt einer Sperre von November bis Mai, nach schneereichen Wintern sogar bis Juni.
Maut: Straße Bizau – Schönenbach
Abstecher: über eine kleine Mautstraße in das Almdorf Schönenbach am Ende eines malerischen, von Bergen umrahmten Hochtals, in Liechtenstein Abstecher ins Hochtal von Malbun, Taminaschlucht bei Bad Ragaz, kurz vor dem Walensee beim Ort Flums Auffahrt Flumser Berge/Tannenboden, am westlichen Ende vom Walensee Auffahrt zum Bergdorf Amden mit schönem Blick über den See
Ideale Reisezeit: Mai/Juni und September/Oktober. Falls das Furkajoch bei einer Fahrt im Mai noch gesperrt sein sollte, kann es ab Damüls über Faschina und das Große Walsertal umfahren werden.
Fahrerische Höhepunkte: Losenpass, von den Einheimischen als Bödele bezeichnet, Furkajoch, Luzisteig, Abstecher Flumser Berge/Tannenboden, Streckenabschnitt vom Walensee zum Rickenpass, Schwägalp-Pass
Landschaftliche Höhepunkte: Bodensee, vom »Bödele« hinab tolle Sicht über das »Wäldle«, den Bregenzerwald, Hochtal von Schönenbach, Faschinajoch, Luzisteig und das malerische Örtchen Maienfeld im »Heidiland«, rund um den Walensee und in den Bergen rund um die Schwägalp
Motorrad: für jeden Motorradtyp geeignet
Fahrerischer Anspruch: auch für weniger geübte Bergfahrer geeignet
Übernachtung: Nitzenweiler-Kressbronn: Gasthaus Seerose, Tel. 07543/6489; Oberreute-Irsengund: Ferienhotel Fuchs, Bergstraße 9, Tel. 08387/92310; Balderschwang: Berggasthof Pension Bodenseehütte, Hausnummer 50, Tel. 08328/1020; Obermaiselstein: Pension Forelle, Am Goldbach 35, Tel. 08326/208; Au: Gasthof Hotel Post, Tel. 0043/5515/4103; Schröcken: Gästehaus Angelika, Oberboden 111, Tel. 0043/5519/341
Internet: www. bregenzerfestspiele.at, www.bregenzerwald.at; www.kaesestrasse. at, www.heidiland.ch, www.appenzeller-land.ch, www.saentisbahn.ch (Auffahrt von der Schwägalp auf den Säntisgipfel (2501 m)
Karten: Michelinkarte Regional 11 551 »Schweiz Nord«, Maßstab 1 : 200.000; Mairdumont-Generalkarte Schweiz »Östlicher Teil«, Maßstab 1 : 200.000; Motorrad-Atlas »Alpenländer« von Hallwag, Maßstab 1 : 300.000

Vom Bödele hinab in den Bregenzerwald

Anbindung Zusatztour 2

Die Zusatztour 2 bietet sich als ideale Verlängerung der Zusatztour 1 Richtung Vierwaldstättersee, Sarnersee bis zum Brienzersee. Eine direkte Verbindung ergibt sich in Näfels westlich des Walensees.

Schweiz ganz zentral

Diese Tour beginnt mit einer Fahrt entlang des malerischen Vierwaldstättersees und kombiniert bekannte Pässe wie Klausen und Susten mit kleinen, abseits gelegenen Bergstraßen wie Glaubenberg- und Pragelpass. Achtung: Leider bleibt Letztgenannter an den Wochenenden allein Wanderern und Radlern vorbehalten, doch die Alternativroute übers Sattelegg ist ähnlich spannend und schön.

INFORMATION

Land/Region: Schweiz/Zentral- oder Innerschweiz/Kanton Luzern
Start- und Zielort: Luzern
Streckenlänge: 365 km
Zeitaufwand: Tages-/Zweitagestour (reine Fahrtzeit ca. 8 Stunden)
Pässe und Bergstraßen: Pragelpass (1550 m), Sattelegg (1190 m), Klausenpass (1948 m), Sustenpass (2224 m), Engstenalp (1840 m), Brünigpass (1008 m), Glaubenbüelenpass (1611 m), Glaubenbergpass (1540)
Wintersperren: außer Glaubenbergpass (gesperrt von November bis April) keine generellen Wintersperren. Bedarfsweise Sperrungen abhängig von der Wetterlage.
Maut: Die Nutzung der Straße zur Engstlenalp kostet etwas, alle übrigen Strecken sind mautfrei.
Abstecher/Alternativrouten: Mautstraße zur Engstlenalp und die Strecke von Schwyz nach Glarus übers Sattelegg (am Wochenende obligatorisch, da der Pragelpass Samstag/Sonntag für Motorfahrzeuge gesperrt ist!)
Ideale Reisezeit: Anfang Mai bis zum Spätherbst
Fahrerische Höhepunkte: Sattelegg, Pragelpass, Sustenpass und natürlich der Klausenpass, auf dem von 1922 bis 1934 Bergrennen veranstaltet wurden, die in unregelmäßiger Folge bei den »Klausenrennen Memorials« wieder aufleben.
Landschaftliche und kulturelle Höhepunkte: Luzern mit der ältesten gedeckten Holzbrücke der Welt, Vierwaldstättersee, Karsthöhlen »Hölloch« bei Stalden im Muotathal, Freulerpalast in Näfels, Lammschlucht (Emme-Durchbruch) nördlich von Flühli
Motorrad: ohne Einschränkung für jeden Motorradtyp geeignet
Fahrerischer Anspruch: Eine Tour, die auch für wenig bergerfahrene Motorradfahrer geeignet ist. Jedoch sind die Straßen teils recht schmal. Der Glaubenbergpass ist auf einem kurzen Streckenabschnitt im Bereich der Scheitelhöhe nicht asphaltiert, aber problemlos befahrbar.
Übernachtung: Haldi: Berggasthaus Haldi, Haldistraße 4, Tel. 0041/41/8714960
Flüelen: Hotel Tourist, Axenstraße 90, Tel. 0041/41/8740050
Wilderswil: Hotel-Restaurant Kreuz, Lehngasse 6, Tel. 0041/33/8222341
Grindelwald: Berggasthaus Marmorbruch, Tel. 0041/33/8531318
Ulrichen: Hotel-Restaurant Astoria, Tel. 0041/27/9731235
Gluringen: Hotel Tenne, Furkastraße 1, Tel. 0041/27/9731892
Bellwald: Hotel-Restaurant Bellwald, Tel. 0041/27/9701283
Disentis: Hotel Sax, Via Sax 1, Tel. 0041/81/9203150
Tourismus: Schweiz Tourismus, Postfach 16 07 54, 60070 Frankfurt a.M., Tel. 00800/100 20030 (gratis), E-Mail: info@myswitzerland.com, www.myswitzerland.com, www.centralswitzerland.ch, www.klausenrennen.com, www.engstlenalp.ch
Karten: Michelinkarte Regional Nr. 11 552 »Schweiz Süd-West« und Nr. 11 553 »Schweiz Süd-Ost«, Maßstab 1 : 200.000; Mairdumont-Generalkarte Schweiz »Östlicher Teil« und »Westlicher Teil«, Maßstab 1 : 200.000

Auffahrt zum Klausenpass

Anbindung Zusatztour 3

Auf dem Weg vom Bodensee Richtung Osten schneidet die Zusatztour 3 mehrfach die Zusatztour 1, etwa zwischen Langenegg und Egg oder zum ersten Mal bei Dornbirn. Zwischen Schwarzenberg und Au teilen sie sich auch die Strecke mit der Transalp-Tour 1. Die Zusatztour 3 läuft zwischen Au und dem Abzweig zur Silvretta-Straße bei Prutz deckungsgleich.

Vom Bodensee zum Fernpass

Diese Tour ähnelt der Form nach einer Acht. Bodensee, Oberallgäu, Bregenzer Wald, die Silvretta und ein spannendes Stück Tirol sind darin enthalten. Wer einfach nur fahren will, der schafft diese Strecke bei guten Wetterverhältnissen durchaus an einem Tag. Idealerweise sollten es aber zwei Tage sein. Dann reicht die Zeit, um z. B. auf der Bieler Höhe in Ruhe das fantastische Bergpanorama mit dem Piz Buin zu genießen und sich auf der malerischen Piller Höhe mal in die Wiese zu legen.

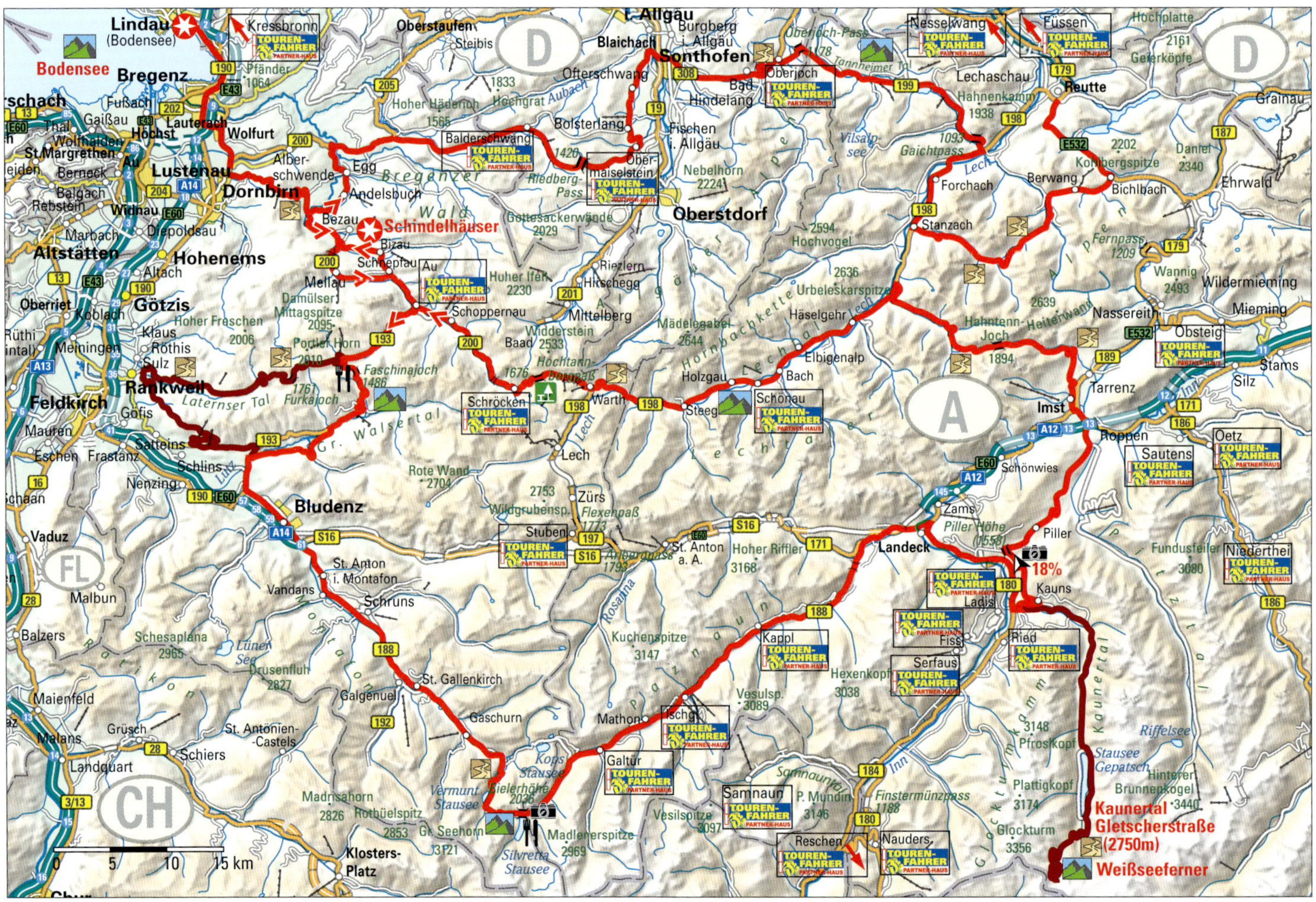

INFORMATION

Land/Region: Bayern/Schwaben/Bodensee/Österreich/Tirol
Startort: Lindau am Bodensee. Zu erreichen über die Autobahn A 96 »München/Lindau«, Ausfahrt Nr. 2 »Lindau«.
Zielort: Reutte
Streckenlänge: 453 km
Zeitaufwand: Tages-/Zweitagestour (reine Fahrtzeit ca. 9 bis 10 Stunden)
Pässe und Bergstraßen: Faschinajoch (1486 m), Furkajoch (1761 m), Silvretta-Hochalpenstraße/Bielerhöhe (2036 m), Piller Höhe 1558 m), Hahntennjoch (1894 m), Hochtannbergpass (1676 m), Riedbergpass (1420 m), Oberjoch-Pass (1178), Gaichtpass (1093 m)
Wintersperren: Silvretta-Hochalpenstraße: November bis Mai, Hochtannbergpass: Dezember bis März. Abweichungen je nach Wetterlage möglich
Maut: Silvretta-Hochalpenstraße, Kaunertaler Gletscherstraße
Abstecher: Furkapass/Laternser Tal (alternativ zu Faschinajoch/Großes Walsertal), Kaunertaler Gletscherstraße
Ideale Reisezeit: Ende Mai bis Mitte Juli, Ende August bis Mitte November
Fahrerische Höhepunkte: »Bödele« (zwischen Dornbirn und Schwarzenberg im Bregenzer Wald), Furkajoch/Laternser Tal, Piller Höhe, Hahntennjoch, Namloser Tal/Berwanger Tal
Landschaftliche Höhepunkte: Bregenzer Wald, Großes Walsertal, Silvretta-Hochalpenstraße, Piller Höhe, Hahntennjoch, Lechtal, Riedbergpass, Tannheimer Tal
Motorrad: ohne Einschränkung für jeden Motorradtyp geeignet
Fahrerischer Anspruch: auch für Fahrer mit weniger Bergerfahrung geeignet
Übernachtung: Au: Gasthof Hotel Post, Tel. 0043/5515/4103
Galtür: Hotel Post, Platz 47 b, Tel. 0043/5443/8422
Ischgl: Gasthof Tannenhof, Ebene 101, Tel. 0043/5444/5472
Kappl: Motor Bike Hotel Auhof, Au 330, Tel. 0043/5445/6311
Ladis: Hotel Sonnleit'n, Dorfstr. 42, Tel. 0043/5472/2660
Schönau: Hotel Schönauer Hof, Schönau 29, Tel. 0043/5633/5309
Schröcken: Gästehaus Angelika, Oberboden 111, Tel. 0043/5519/341
Balderschwang: Berggasthof Pension Bodenseehütte, Haus-Nr. 50, Tel. 08328/1020
Obermaiselstein: Pension Forelle, Am Goldbach 35, Tel. 08326/208
Oberjoch: Sporthotel Hochpasshaus, Iselerstr. 8, Tel. 08324/933760
Tourismus: www.lindau.de, www.vorarl-bergtourism.at, www.bregenzerwald.at, www.kauntertaler-gletscher.at, www.silvretta-bielerhoehe.at, www.balderschwang.de, www.oberallgaeu.de, www.tannheimertal.com
Karten: Mairdumont-Generalkarte Österreich Pocket Nr. 5, Maßstab 1 : 200.000; Michelinkarte Nr. 10 730 »Österreich«, Maßstab 1 : 400.000

Auf der Nordrampe des Hahntennjochs

Anbindung Zusatztour 4

Von Norden kommend verlaufen die Strecken der Zusatztour 4 und der Transalp-Tour 1 zwischen Gräben und dem Passo di Stelvio parallel. Auf der Abfahrt vom Passo di Stelvio bis Bormio kann man zudem in die Zusatztour 5 wechseln.

Von Oberbayern ins Lombardische

Nur ganz kurz, bis zum Ammersattel, bleiben wir im Oberbayerischen. Der malerische Plansee liegt bereits in Tirol. Traumhaft die Fahrt entlang seines Ufers. Es folgen Kurven bis zum Abwinken im Namloser Tal und am Hahntennjoch. Richtig hoch hinaus geht's beim Abstecher zur Kaunertaler Gletscherstraße und später auf dem Stilfser Joch, bevor uns der Gaviapass spannend und kehrenreich hinunterführt in die Lombardei.

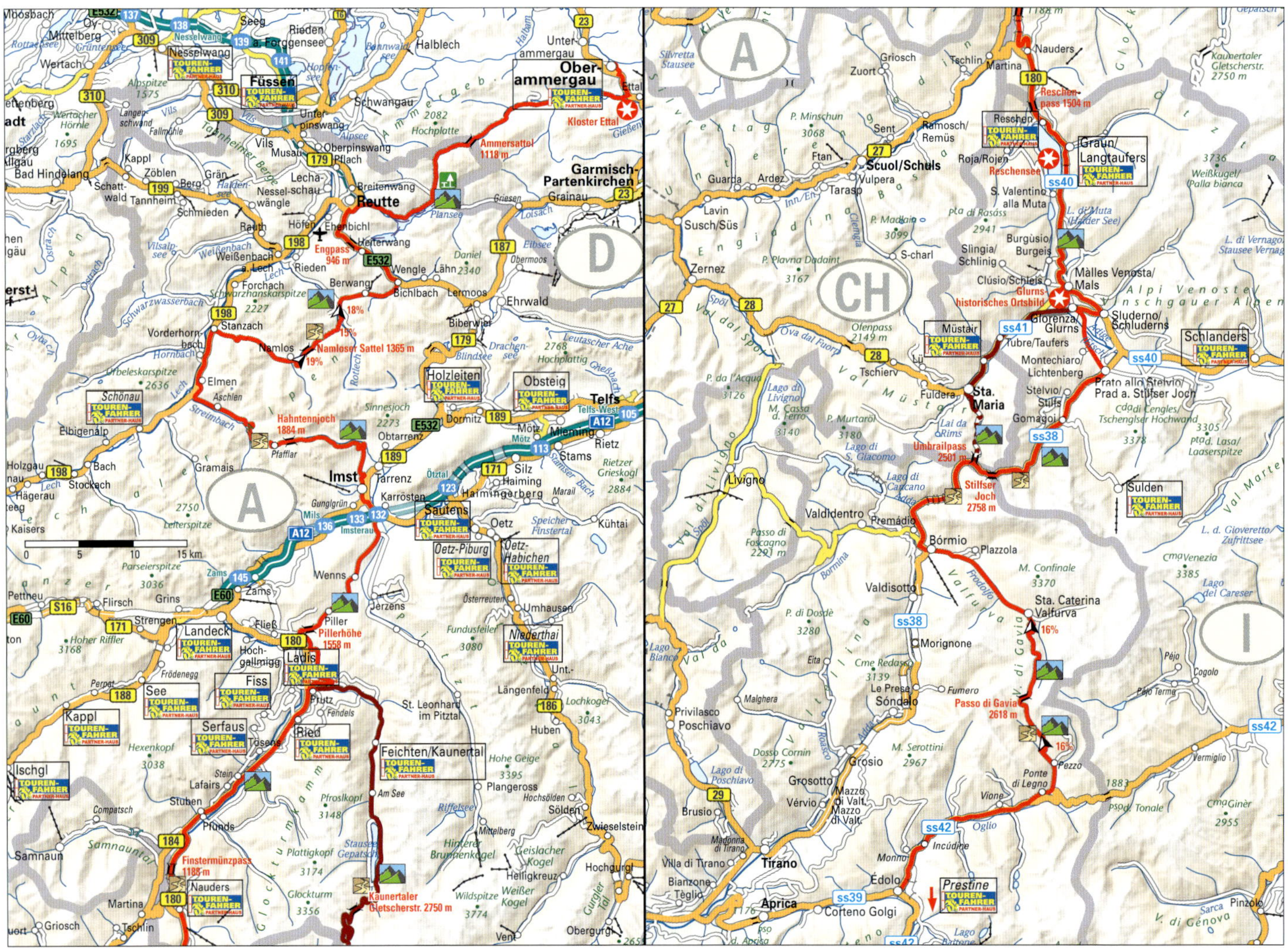

INFORMATION

Land/Region: Deutschland/Oberbayern/Italien/Lombardei
Startort: Oberammergau
Zielort: Edolo
Streckenlänge: 320 km (ohne Abstecher)
Zeitaufwand: Tages-/Zweitagestour (reine Fahrtzeit ca. 7 Stunden)
Pässe und Bergstraßen: Ammersattel (1118 m), Namloser Sattel (1365 m), Hahntennjoch (1884 m), Pillerhöhe (1558 m), Kaunertaler Gletscherstraße (2750 m), Finstermünzpass (1188 m), Reschenpass (1504 m), Umbrailpass (2501 m), Stilfser Joch (2758 m), Passo di Gavia (2618 m)
Wintersperren: Hahntennjoch, Kaunertaler Gletscherstraße und Umbrailpass von November bis Mai, Stilfser Joch bis in den Juni. Gaviapass von Dezember bis Mai
Maut: Kauntertaler Gletscherstraße
Abstecher/Alternativen: Der Abstecher ins Kaunertal zur gleichnamigen Gletscherstraße beginnt bei Prutz im oberen Inntal. Wem die 48 steilen und engen Kehren der Vinschgauer Seite des Stilfser Jochs zu stressig sind, nimmt die Alternativroute über den Umbrailpass.
Ideale Reisezeit: Juni, Juli, September und Oktober. Im August sind in Italien Ferien, darum viel Verkehr und höhere Hotelpreise.
Fahrerische Höhepunkte: Piller Höhe, Kaunertaler Gletscherstraße, Stilfser Joch, Gaviapass
Landschaftliche Höhepunkte: Ammersattel, Plansee, Stilfser Joch/Ortlermassiv, Umbrailpass, Gaviapass
Motorrad: ohne Einschränkung für jeden Motorradtyp geeignet
Fahrerischer Anspruch: Bergerfahrung nötig speziell fürs Stilfser Joch mit seinen 48 sehr engen, steilen Kehren. Umbrail teils Naturstraße, aber problemlos zu befahren.
Übernachtung: Oberammergau: Parkhotel Sonnenhof, Tel. 08822/9130; Bach-Schönau: Hotel Schönauer Hof, Tel. 0043/5633/5309; Obsteig: Gasthof Panorama, Tel. 0043/5264/8104 und Hotel Gasthof Stern, Tel. 0043/5264/8101; Landeck: Hotel Enzian, Tel. 0043/5442/62066; Sautens: Bikergasthof Hotel Post, Tel. 0043/5252/6237; Serfaus: Biker-Pension Maria-Theresia, Tel. 0043/5476/6888; Ried: Motor Bike Hotel Riederhof, Tel. 0043/5472/6214; Fiss: Bikerhotel Fernblick, Tel. 0043/5476/65600; Ladis: Hotel Sonnleit'n, Tel. 0043/5472/2660; Kaunertal: Hotel Weisseespitze, Tel. 0043/5475/316; Nauders: Alpenhotel Nauderer Hof, Tel. 0043/5473/87704, Bauernhof Wolf, Tel. 0043/5473/86255, Ferienhaus Auer, Tel. 0043/5473/86158, Gästeheim Sigrid, Tel. 0043/5473/87429 und Hotel Hochland, Tel. 0043/5473/86222; Reschen: Johann Wallnöfer Garni, Tel. 0039/0473/633227; Graun: Hotel Traube Post, Tel. 0039/0473/633131; Langtaufers: Hotel Langtauferer Hof, Tel. 0039/0473/633551; Müstair: Hotel Münsterhof, Tel. 0041/81/8585541; Schlanders: Hotel-Restaurant Vinschgerhof, Tel. 0039/0473/742113 und Garni Pension Claudia, Tel. 0039/0473/730303; Sulden: Sporthotel und Residence Paradies, Tel. 0039/0473/613043; Prestine: Hotel Oasi Verde, Tel. 0039/0364/300813
Karten: Mairdumont-Generalkarte Österreich Pocket Nr. 5 und »Südtirol/Dolomiten« beide Maßstab 1 : 200.000; Motorrad-Atlas »Alpenländer« von Hallwag, Maßstab 1 : 300.000

Am Gaviapass auf dem Weg nach Edolo

Anbindung Zusatztour 5

Vor der nördlichen Einfahrt in den Tunnel zum Lago die Livigno treffen die Zusatztour 5 und die Transalp-Tour 1 zum ersten Mal aufeinander und treffen sich fortan bis Bellinzona mehrfach. Nördlich von Bormio kann man auch in die Zusatztour 4 wechseln.

Vom Tessin nach Graubünden

Auf diesem nicht gerade direkten Weg vom Tessin nach Graubünden kommen reichlich Kilometer zusammen. Spannende Augenblicke während der Fahrt sind garantiert und viele stimmungs- und genussvolle Momente während der vielen Stopps, die wir Ihnen, der einmalig schönen Landschaft wegen, ans Herz legen.

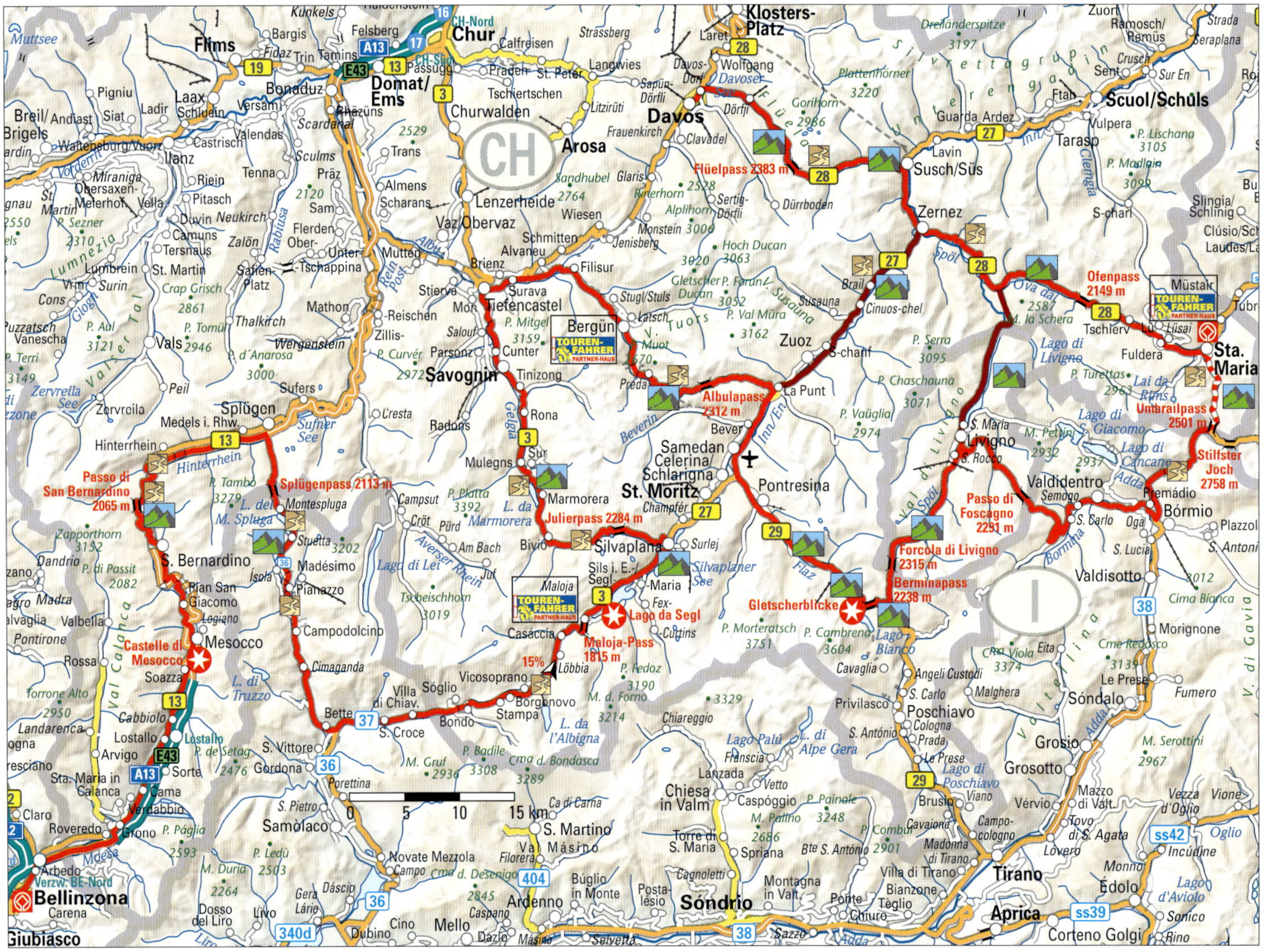

INFORMATION

Land/Region: Schweiz/Tessin/Graubünden
Startort: Bellinzona
Zielort: Davos
Streckenlänge: 400 km (es besteht mehrfach die Möglichkeit, die Strecke abzukürzen)
Zeitaufwand: Tages-/Zweitagestour (reine Fahrtzeit ca. 9 Stunden)
Pässe: Passo di San Bernardino (2065 m), Splügenpass (2113 m), Malojapass (1815 m), Julierpass (2284 m), Albulapass (2312 m), Ofenpass (2149 m), Umbrailpass (2501 m), Stilfser Joch (2758 m), Passo di Foscagno (2291 m), Forcola di Livigno (2315 m), Berninapass (2328 m), Flüelapass (2383 m)
Wintersperren: Passo di San Bernardino, Splügenpass, Umbrail, Stilfser Joch, Berninapass, Forcola di Livigno, Passo di Foscagno und Umbrailpass von November bis Mai, Albulapass November bis Juni. Die übrigen Pässe werden auch in den Wintermonaten möglichst offen gehalten.
Maut: ausschließlich mautfreie Strecken. Vorsicht: Zwischen Bellinzona und Splügen nicht auf die vignettpflichtige Autobahn lotsen lassen. Die Landstraße verläuft parallel dazu.
Abstecher/Alternativen: Bei dieser Tour gibt es nur einen einzigen Abstecher, und der ist nur wenige Hundert Meter lang und führt auf die Passhöhe des Stilfser Jochs. Darüber hinaus besteht an etlichen Wegpunkten die Möglichkeit, die mit rund 400 km doch recht lange Etappe über ebenfalls schöne Streckenabschnitte deutlich abzukürzen.
Ideale Reisezeit: wegen Wintersperren nur die Monate Juni bis Oktober
Fahrerische Höhepunkte: Hierzu zählen sämtliche Passstraßen. Deren Rampen sind größtenteils so spannend angelegt, dass sich die in der Schweiz geltende Höchstgeschwindigkeit von 80 km/h nicht als Spaßbremse auswirkt.
Landschaftliche Höhepunkte: Auch hier eifern die Pässe um die Wette. Ein absolutes Highlight ist die Region um den Ofenpass, die auch als Naturschutzgebiet ausgewiesen ist.
Motorrad: ohne Einschränkung für jeden Motorradtyp geeignet
Fahrerischer Anspruch: Gute fahrerische Kondition ist bei dieser Tour gefordert.
Übernachtung: Maloja: Hotel Schweizerhaus, Tel. 0041/81/8382828
Glaspass/Tschappina: Berggasthaus Beverin, Tel. 0041/81/6511323
Tschappina: Hotel Heimat, Tel. 0041/81/6511605
Bonaduz: Hotel Alte Post, Versamer Straße 1, Tel. 0041/81/6411218
Bergün: Hotel Piz Ela, Tel. 0041/81/4072323
Samedan: Palazzo Mysanus, Tel. 0041/81/8521080
Tourismus: www.tourismusauskunft.ch mit vielfältigen Infos zum Thema Reisen in der Schweiz; www.acs.ch, die offizielle Seite des Schweizer Automobilclubs mit immer aktuellen Straßenzustandsberichten
Karten: Mairdumont-Generalkarte Schweiz »Östlicher Teil/Zentralschweiz«, Maßstab 1 : 200.000;
Michelinkarte Nr. 11 553 »Schweiz Süd-Ost«, Maßstab 1 : 200.000;
Motorrad-Atlas »Alpenländer« von Hallwag, Maßstab 1 : 300.000

Kurve mit Gletscherblick am Berninapass

Anbindung Zusatztour 6

Die Zusatztour 6 teilt sich den Streckenverlauf mit der Zusatztour 5 zwischen Davos und Zernez. Das gilt auch für die Strecke vorbei an Sankt Moritz. Ein Umstieg in die Zusatztour 4 ist bei Monno kurz vor Edolo möglich.

Vom Prättigau in die Lombardei

Bernina, Flüela, Albula – traumhafte Passstraßen mit großen Namen. Fahrspaß pur inmitten einmalig schöner Graubündner Bergpanoramen. Im lombardischen Teil der Tour folgen Passo della Foppa, die Kammstraße über den Monte Padrio und Passo del Vivione – versteckt, schmal und steil, spannend ohne Ende.

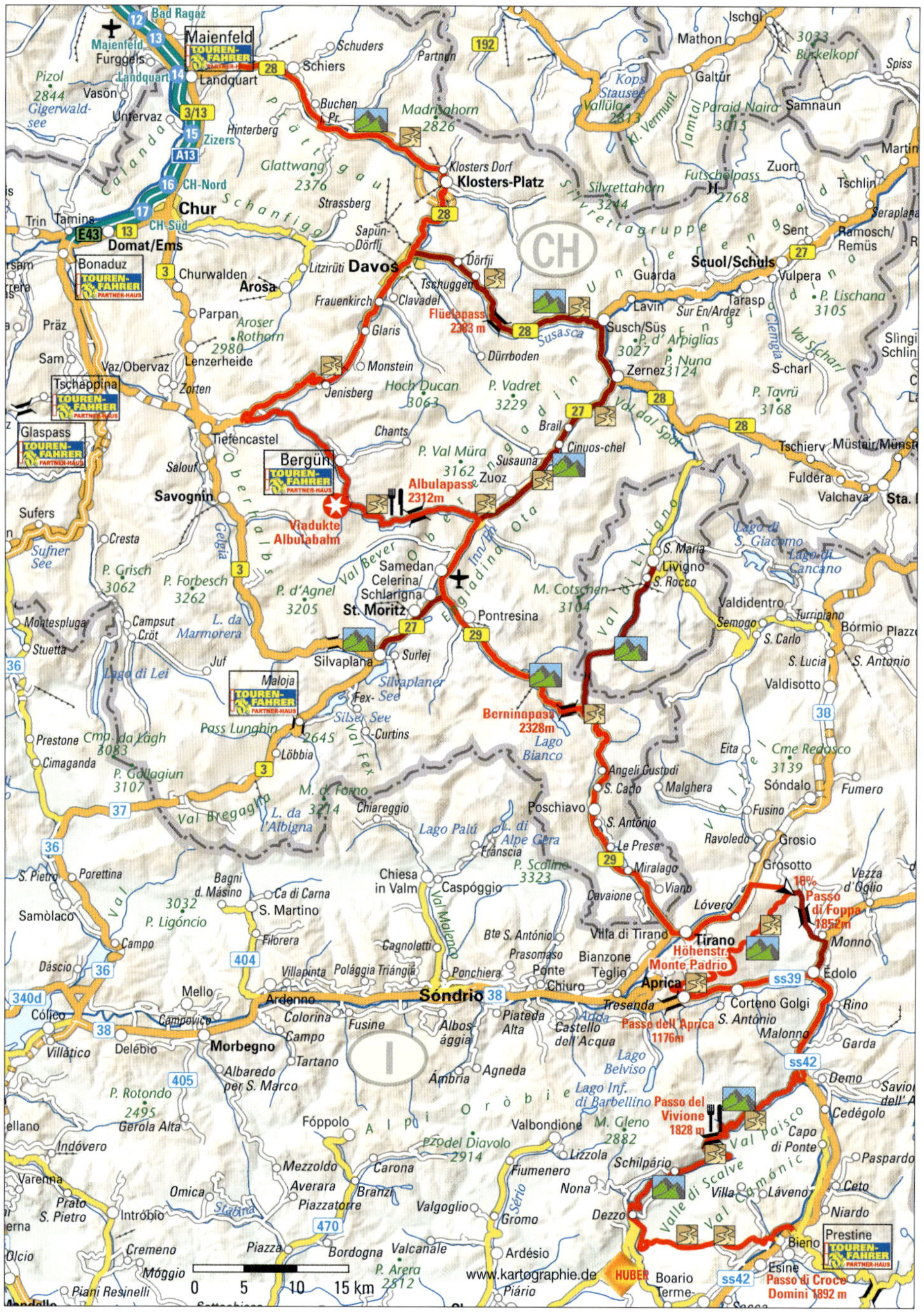

Am Hospiz auf der Albula-Passhöhe

INFORMATION

Land/Region: Schweiz/Prättigau im Kanton Graubünden/Italien/Val Camonica in der Lombardei
Startort: Landquart im Prättigau. Von Norden kommend zu erreichen über die Autobahn A 96 »München/Lindau«. Mautfreie Weiterfahrt ab Autobahnende über die österreichische Bundesstraße 190 bis zur Schweizer Grenze. Dann über Vaduz/Liechtenstein und Maienfeld nach Landquart.
Zielort: Bieno
Streckenlänge: 259 km
Zeitaufwand: Tagestour (reine Fahrtzeit ca. 6 Stunden)
Pässe und Bergstraßen: Flüelapass (2383 m), Albulapass (2312 m), Berninapass (2328 m), Passo della Foppa (1852 m), Kammstraße Monte Padrio (im Bereich von 1900 m), Passo del Vivione (1828 m)
Wintersperren: Albulapass November bis Juni, Passo della Foppa, Kammstraße Monte Padrio und Passo del Vivione von November bis Mai. Abweichungen je nach Wetterlage möglich .
Maut: ausschließlich mautfreie Strecken
Abstecher: Malojapass (1815 m), Forcola di Livigno (2310 m) ins Valle di Livigno (Zollausschlussgebiet), Passo di Croce Domini (1892 m)
Ideale Reisezeit: Anfang Juni bis Ende Oktober. Im italienischen Teil der Tour während der dortigen Ferienzeit viel Verkehr und höheres Preisniveau bei Übernachtungen.
Fahrerische Höhepunkte: Flüelapass, Albulapass, Oberengadin zwischen Zernetz und La Punt-Chamuesch, Berninapass, Passo di Foppa, Kammstraße Monte Padrio, Passo del Vivione
Landschaftliche Höhepunkte: durchs Prättigau hinauf nach Klosters, Oberengadin, Albulatal und -pass, Berninapass mit Blick auf den Morteratsch- und weitere Gletscher
Motorrad: grundsätzlich für jeden Motorradtyp geeignet. Passo di Foppa und del Vivone jedoch sehr schmal mit engen Kehren.
Fahrerischer Anspruch: bis auf Passo di Foppa und Passo del Vivione (können umfahren werden) auch für Fahrer mit weniger Bergerfahrung geeignet
Übernachtung: Maienfeld: Swiss Heidi Hotel, Werkhofstr. 1, Tel. 0041/81/3038888
Glaspass/Tschappina: Berggasthaus Beverin, Tel. 0041/81/6511323
Tschappina: Hotel Heimat, Tel. 0041/81/6511605
Maloja: Hotel Schweizerhaus, Tel. 0041/81/8382828
Bergün: Hotel Piz Ela, Tel. 0041/81/4072323
Müstair: Hotel Münsterhof, Tel. 0041/81/8585541
Prestine: Hotel Oasi Verde, Via dei Tornanti 4, Tel. 0039/0364/300813
Tourismus: www.davosklosters.ch, www.graubuenden.ch, www.susch.ch, www.engadin.stmoritz.ch, www.engadin-net.ch, www.livigno.com/de, www.italien-auf-einen-blick.de/lombardei
Karten: Mairdumont-Generalkarte Schweiz Großblatt »Östlicher Teil/Zentralschweiz«, Maßstab 1 : 200.000; Michelinkarten Nr. 10 729 »Schweiz« und Nr. 11 561 »Aostatal, Piemont, Lombardei«, Maßstab 1 : 400.000

Am Berninapass ist der Morteratsch-Gletscher fast zum Greifen nah.

Am Hochtannbergpass,
einem der nördlichsten
Alpenübergänge überhaupt

Anbindung Zusatztour 7

Wer bei Tirano aus der Zusatztour 6 bereits Richtung Süden abbiegen will, folgt der Zusatztour 7. Zwischen Edolo und Breno läuft die Strecke parallel zur Zusatztour 6 , jedoch mit einem Abstecher nach Lozio. Vom Ende der Tour am Gardasee kann man dann in Riva del Garda in die Zusatztour 9 nach Norden einsteigen.

Vom Gardasse zum Berninapass

Der Weg ist das Ziel. In diesem Vorschlag, wie man von den Ufern des Gardasees den weiteren Weg Richtung Schweiz gestalten kann, jagt ein Höhepunkt den nächsten: die »Korkenzieher«-Straße hinauf ins schöne Tremosine, Schräglagen ohne Ende im Valvestino, Kehren und Kurven in den weiten Almen des Passo di Croce Domini, Schotter am Giogo della Bala, tief- und traumhafte Ausblicke am Passo del Vivione.

Der Passo Maniva ist bis heute über weite Strecken noch ohne Asphalt.

INFORMATION

Land/Region: Italien/Trentino/Gardasee/Lombardei
Startort: Torbole
Zielort: Tirano
Streckenlänge: 279 km (ohne Abstecher)
Zeitaufwand: Tages-/Zweitagestour (reine Fahrtzeit ca. 7 Stunden)
Pässe und Bergstraßen: Nordwestrampe Passo di Tremalzo (1894 m), Passo di Maniva (1664 m), Coletto delle Crocette (2070 m), Giogo della Bala (2162 m), Passo di Croce Domini (1892 m), Passo del Vivione (1828 m), Passo di Foppa (1852 m), Passo dell Aprica (1178 m), Höhenstraße Monte Padrio
Wintersperren: Passo di Tremalzo, Passo di Maniva, Coletto delle Crocette, Giogo della Bala, Passo di Croce Domini, Passo del Vivione und Passo di Foppa je nach Scneelage November bis April/Mai
Maut: ausschließlich mautfreie Strecken
Abstecher/Alternativrouten: Passo di Tremalzo (nicht asphaltierte Südostrampe leider seit Jahren gänzlich gesperrt). Kurvige Auffahrt aus dem Valvestino ins Bergdorf Magasa. Unterhalb Capovalle alternativ über Vico zum Lago d Idro. Dort von Bagolino über den Passo di Maniva (eigentliche Rampe von Anfo/Lago di Idro wegen Felssturz weiterhin nicht befahrbar), Coletto delle Crocette, Giogo della Bala zum Passo di Croce Domini (in 2008 noch rund 9 km Naturstraße). Von Edolo über Passo di Foppa und die Höhenstraße Monte Padrio
Ideale Reisezeit: später Frühling bis Herbst. Den August wegen der italienischen Ferien und dem damit verbundenen hohen Verkehrsaufkommen jedoch möglichst meiden.
Fahrerische Höhepunkte: Tremosine, Valvestino, von Bagolino zum Passo di Croce Domini, Passo del Vivione
Landschaftliche Höhepunkte: Gardasee, Lago d Idro, Passo di Croce Domini, Passo del Vivione, Höhenstraße Monte Padrio
Motorrad: Normalroute ohne Einschränkung für jeden Motorradtyp geeignet, Alternativen nur bedingt – je nach Fahrkönnen
Fahrerischer Anspruch: eine Tour, die wegen oft schmaler Fahrbahn und enger Kehren ein wenig Übung im Bergfahren voraussetzt. Von Bagolino über Passo Maniva zum Passo di Croce Domini rund 9 km Naturstraße, oft mit Auswaschungen.
Übernachtung: Torbole: Aktivhotel Santalucia, Via Santa Lucia 12, Tel. 0039/0464/505140;
Freestyle Hotel Santoni, Via Strada Granda 2, Tel. 0039/0464/505966
Pregasina: Hotel Panorama, Tel. 0039/0464/520344
Malcesine: Hotel Villa Alba, Tel. 0039/045/7400277
Sasso di Gargnano: Hotel und Residence Monte Gargnano, Via Sisengla 41, Tel. 0039/0365/71389
Prestine: Hotel Oasi Verde, Via dei Tornanti 4, Tel. 0039/0364/300813
Karten: Mairdumont-Generalkarte Pocket »Gardasee/Venedig«, Maßstab 1 : 200.000; Motorrad-Atlas »Alpenländer« von Hallwag, Maßstab 1 : 300.000

Breno im lombardischen Val Camonica

Anbindung Zusatztour 8

Von Edolo aus geht es zunächst ein Stück weit parallel zur Zusatztour 6. Ab Azzone zweigt die Tour dann nach Westen ab und führt im weiten Bogen bis zum Comer See.

Quer durch die Bergamasker Alpen

Diese Reise führt zunächst in Ost-West-Richtung quer durch die Bergamasker Alpen, einen touristisch kaum erschlossenen Teil der Lombardei. Dementsprechend ist entspanntes Fahren auf verkehrsarmen Straßen angesagt. In Mandello del Lario treffen wir auf »heiligen Boden« der Guzzisten, folgen dann dem Ufer von Lago di Lecco und Lago di Como nordwärts. Unterwegs auf dem Passo di San Marco überschreiten wir den Hauptkamm der Bergamasker Alpen, gelangen ins Val Bembana, um uns dann dem Lago d'Iseo und dem Val Camónica zuzuwenden.

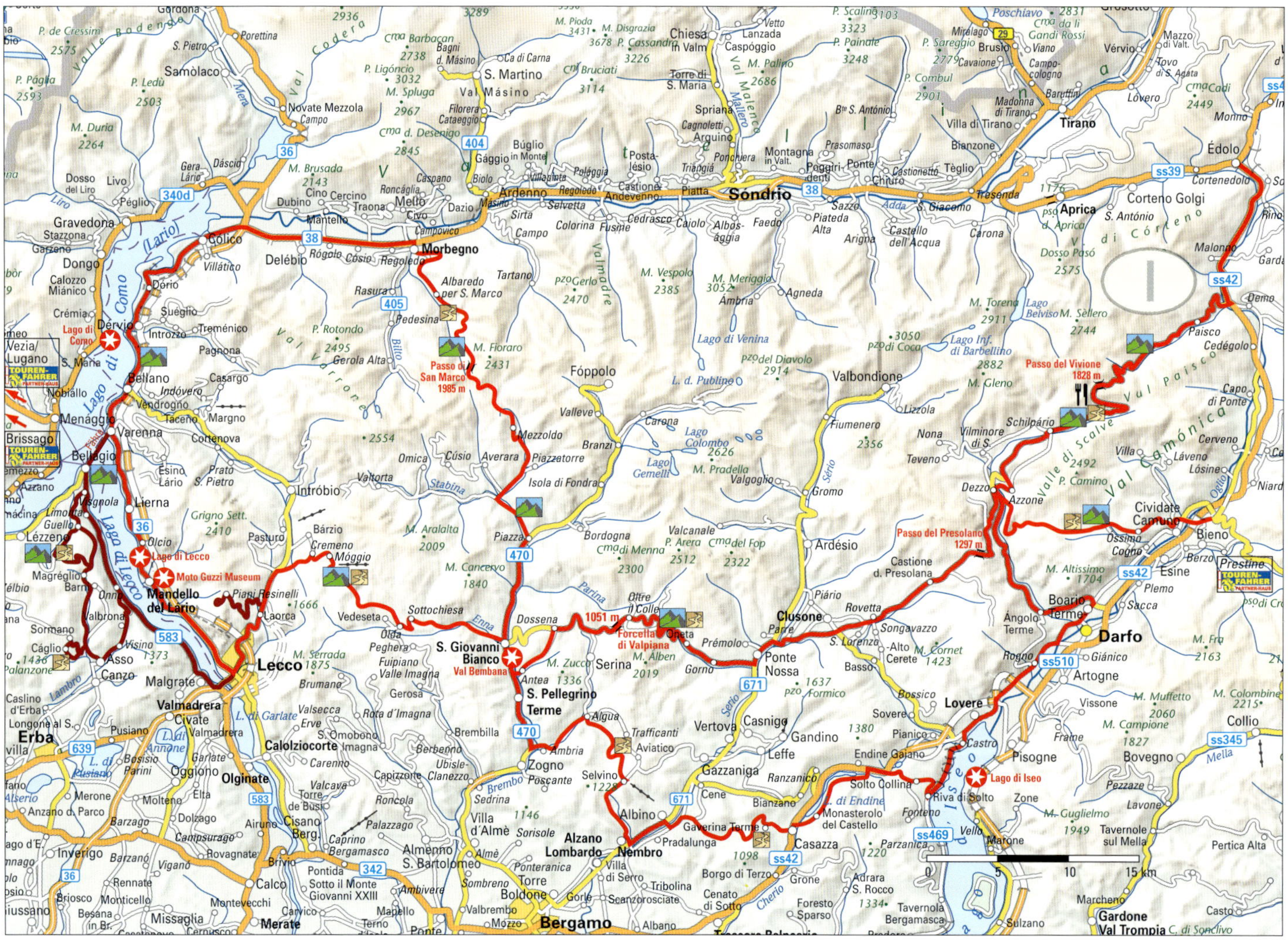

INFORMATION

Land/Region: Italien/Lombardei
Tourregion: Bergamasker Alpen/ Lago di Como/Lago di Lecco
Startort: Edolo
Zielort: Breno
Streckenlänge: 403 km (ohne die Zusatzschleife westlich des Lago di Lecco)
Zeitaufwand: Zweitagestour, reine Fahrtzeit zwischen 9 und 12 Stunden
Wegen der größtenteils engen und kurvigen Straßen ist der mögliche Stundenschnitt extrem abhängig vom Fahrtemperament. Bei ruhiger Fahrweise ist ein Stundenschnitt von mageren 35 km/h realistisch.
Pässe und Bergstraßen: Passo del Vivione (1828 m), Passo del Presolana (1297 m), Forcella di Valpiana (1051 m), Passo di San Marco (1985 m)
Wintersperren: Passo del Vivione November bis Mai, Passo del Presolana November bis April. Der Passo di San Marco ist nicht mit einer generellen Sperre belegt. Zwischen November und Mai muss jedoch mit witterungsbedingten Sperrungen gerechnet werden.
Maut: ausschließlich mautfreie Strecken
Abstecher/Alternativrouten: Abstecher auf die Pian dei Resinelli, eine auf rund 1300 m Meereshöhe liegende Hochebene. Wer auf Mandello und Moto Guzzi verzichten mag, sollte die Alternativroute auf der Westseite des Lago di Lecco mit anschließender Fährüberfahrt von Bellágio nach Varenna wählen und dabei möglichst auch noch die kurvige Schleife durch die Berge mitnehmen.
Ideale Reisezeit: Monate Mai bis Juli, September und Oktober. Italienischen Ferienmonat August unbedingt meiden (viel Verkehr und hohe Preise).
Fahrerische Höhepunkte: durchgehend vom Abzweig des Passo del Vivione im Val Camónica bis zum Ufer des Lago di Lecco, Alternativroute westlich des Lago di Lecco, Passo di San Marco, Streckenabschnitt San Pellegrino Terme bis Casazza
Landschaftliche Höhepunkte: Passo del Vivione, Streckenabschnitte in der Region um San Pellegrino Terme, Lago di Lecco, Lago di Como
Motorrad: ohne Einschränkung für jeden Motorradtyp geeignet
Fahrerischer Anspruch: Schmale Fahrbahn, enge und unübersichtliche Kehren, Tiefblicke – da sollte schon ein gewisses Maß an Bergerfahrung vorliegen. Vor allem aber fordert diese Tour eine gute fahrerische Kondition.
Übernachtung: Prestine: Hotel Oasi Verde, Via dei Tornanti 4, Tel. 0039/0364/300813
etwas westlich vom Tourgebiet:
Brissago: Hotel Primavera, Via Costa di Dentro 19, Tel. 0041/91/7931251
Vezia/Lugano: Hotel Motel Vezia, Via S. Gottardo 32, Tel. 0041/91/9663631
Karten: Michelinkarte Nr. 11 561 »Aostatal – Piemont – Lombardei«, Maßstab 1 : 400.000, Motorrad-Atlas »Alpenländer« von Hallwag, Maßstab 1 : 300.000

Halt in San Pellegrino am Ufer des Brembo

Anbindung Zusatztour 9

Von Riva del Garda aus ist die Zusatztour 9 eine herrliche Fortsetzung der Zusatztour 7 und führt nach Norden bis Bozen. Dabei kreuzt sie mehrfach mit der Zusatztour 10. Zum ersten Mal kurz hinter Spormaggiore, noch einmal bei Livo und weiter nördlich bei Fondo. Der östliche Bogen der Zusatztour 10 schneidet die Zusatztour 9 ebenfalls bei Spormaggiore und kurz oberhalb von Kaltern an der Weinstraße. Aus dieser Kombination lassen sich mehrere kürzere Rundtouren erstellen.

Von Bozen nach Riva del Garda

Zugegeben, viele Wege führen von der Südtiroler Stadt Bozen zum Gardasee, aber dieser hier ist von ganz besonderer Qualität, sowohl in landschaftlicher als auch in fahrerischer Hinsicht. Den Kehren am Passo di Mendola folgt der Kurventraum in den Apfelgärten des Nonstales und entlang der Flanke der Brentagruppe. Vom Lago di Tenno geht's dann nur noch bergab – zum Gelato an der Uferpromenade des Gardasees.

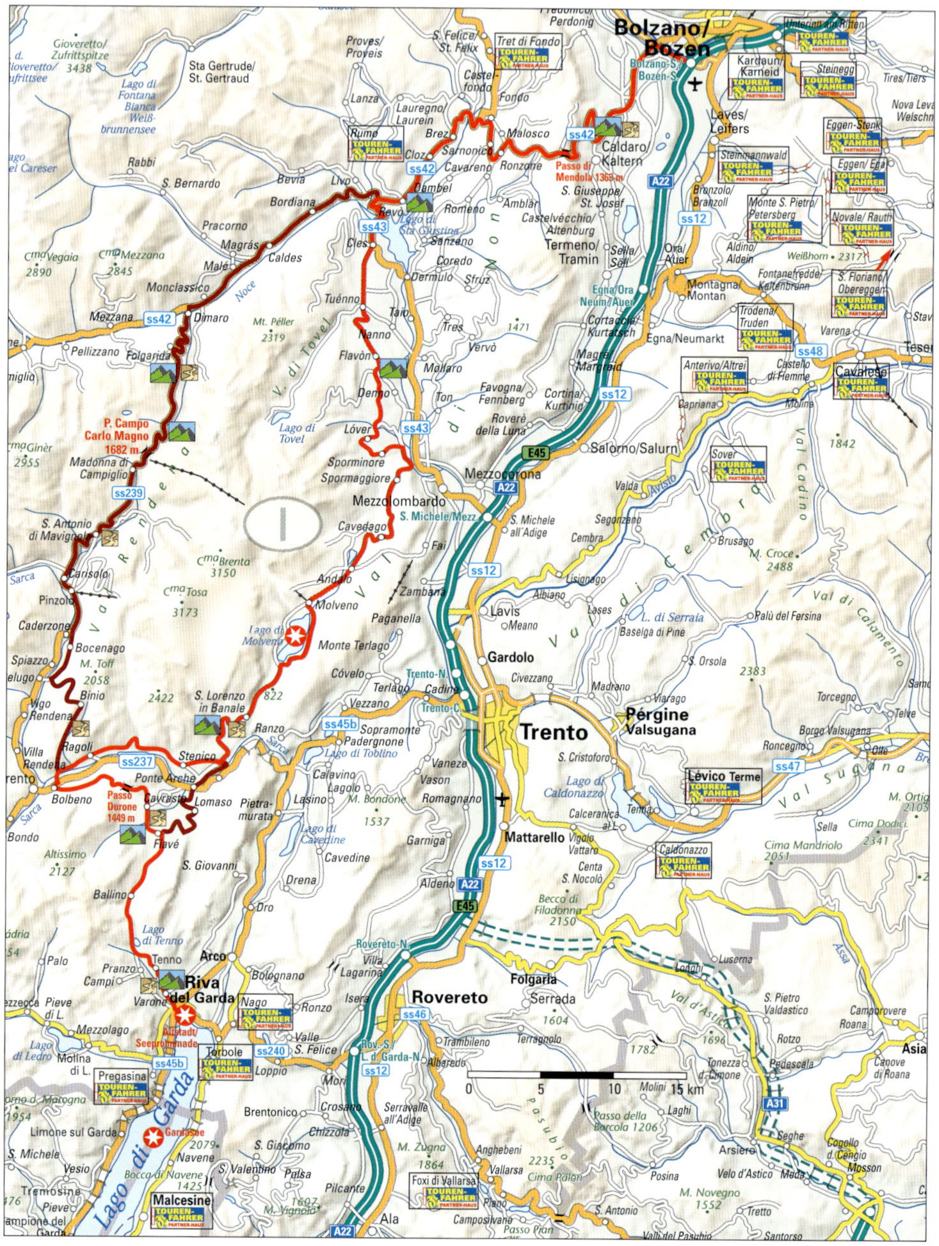

Im Hafen von Riva

INFORMATION

Land/Region: Italien/Südtirol/Trentino
Startort: Bozen, an der Autobahn-Anschlussstelle Bozen-Süd der Autobahn A 22
Zielort: Riva del Garda
Streckenlänge: 170 km
Zeitaufwand: Tages-/Halbtagestour (reine Fahrtzeit ca. 4 Stunden)
Pässe und Bergstraßen: Passo di Mendola (1363 m), Passo Durone (1443 m), Passo Campo Carlo Magno (1682 m)
Wintersperren: keine festgeschriebenen Wintersperren
Maut: ausschließlich mautfreie Strecken
Abstecher und Alternativen: ab Cis im Val di Non (Nonstal) alternativ durch das Val di Sole und über Madonna di Campiglio, der Westflanke der Brentagruppe, nach Süden folgen.
Ideale Reisezeit: Ende April bis Mitte Juli, Ende August bis Mitte November. Als Reisemonat besonders empfehlenswert ist der Mai, wegen der Apfelblüte in den Gärten des oberen Nonstals. Den August wegen der Ferien in Italien möglichst meiden.
Fahrerische Höhepunkte: Passo di Mendola, auf der Alternativroute der Bereich um Madonna di Campiglio, Passo Durone; nicht zu vergessen, die SS 421, der die Route in weiten Teilen folgt. Sie bietet neben tollen Ausblicken fast unentwegt Fahrspaß vom Feinsten.
Landschaftliche Höhepunkte: Passo di Mendola mit tollem Blick über das Etschtal; oberes Nonstal mit seinen nahezu endlosen Obstgärten; unteres Nonstal mit dem Lado di Molveno und weiter zwischen den Orten Némbia und San Lorenzo in Banala; Passo Durone; Lago di Tenno und Lago di Garda
Motorrad: ohne Einschränkung für jeden Motorradtyp geeignet
Fahrerischer Anspruch: auch für Fahrer mit weniger Bergerfahrung geeignet
Übernachtung: Kardaun/Karneid: Hotel Gasthof Der Eggentaler, Eggentaler Straße 47, Tel. 0039/ 0471/ 365294; Steinmannwald-Leifers: Hotel Steinmannwald, Brennerstraße 51, Tel. 0039/ 0471/ 954243; Tret di Fondo: Albergo Aurora, Via Cantone 24, Tel. 0039/ 0463/ 880022; Rumo: Hotel Margherita, Fraz. Marcena 61, Tel. 0039/ 0463/ 530531 und B & B Larix, Fraz. Mocenigo, Tel. 0039/ 0463/ 531031; Pregasina di Riva del Garda: Hotel Rosalpina, Tel. 0039/ 0464/ 554293; Torbole sul Garda: Aktivhotel Santalucia, Via Santa Lucia 12, Tel. 0039/ 0464/ 505140 und Freestyle Hotel Santoni, Via Strada Granda 2, Tel. 0039/ 0464/ 505966; Nago-Torbole: Hotel Garni Toresela, Via Rivana 5 a, Tel. 0039/ 0464/ 540030
Alle in der Karte verzeichneten TF-Partner-
Tourismus: www.suedtirol.com; www.visittrentino.it, www.trentinoinmoto.com, www.visittrentino.it/de
Karten: Mairdumont-Generalkarte Italien »Südtirol/Trentino«, 1 : 200.000; Michelinkarte Nr. 11 562 »Trentino/Südtirol/-Venedig«, 1 : 400.000; Motorrad-Atlas »Alpenländer« von Hallwag, Maßstab 1 : 300.000

Am Lago di Molveno im unteren Nonstal

Anbindung Zusatztour 10

Die Zusatztour 10 erweitert in mehreren westlichen Stichstraßen und einem großen Bogen über Meran und einem östlichen über Südtirol sehr gut die Zusatztour 9. Schnittpunkte gibt es westlich zwischen Terres und Tuenno, bei Livo und bei Fondo. Der östliche Bogen verläuft zwischen Fondo und der Kreuzung bei Spormaggiore.

Zwischen Brenta und Meran

Die Reise führt uns im Wechsel zwischen den Regionen Südtirol und Trentino durch eine atemberaubend schöne Landschaft, die sich vielerorts mit kunstvoll angelegten Obstgärten und Weinbergen schmückt und wo es tief in die Berge führende Täler zu erkunden gilt.

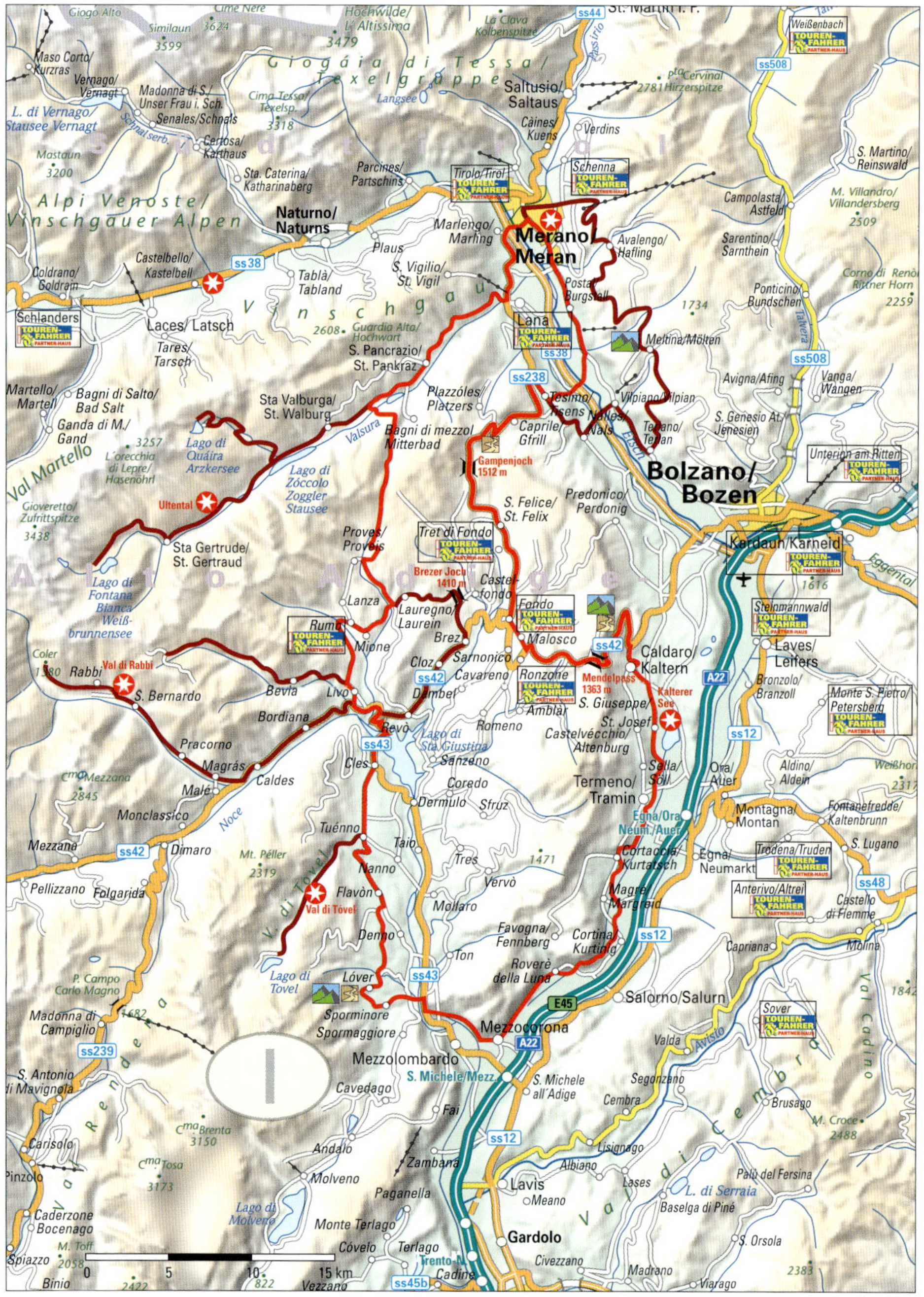

Der Verlockung einer solchen Ortserkundung lässt sich einfach nicht widerstehen.

INFORMATION

Land/Region: Italien/Südtirol
Start- und Zielort: Meran
Streckenlänge: 374 km (inkl. Abstecher)
Zeitaufwand: Tages-/Zweitagestour (reine Fahrtzeit ca. 8 Stunden)
Pässe und Bergstraßen: Brezer Joch (1410 m), Mendelpass (1363 m), Gampenjoch (1512 m), Bergstraßen zum Arzkersee und zum Weißbrunnersee, Val di Brésjmo, Val di Rabbi, Val di Tovel mit Lago di Tovel
Wintersperren: Die Pässe und Bergstraßen im Bereich der Tourstrecke unterliegen keiner generellen Wintersperre, sondern werden zwischen November und April abhängig von den Witterungsbedingungen gesperrt.
Maut: ausschließlich mautfreie Strecken
Abstecher/Alternativrouten: vom Ultental zum Arzkersee und Weißbrunnersee, Alternativroute über Laurein, Brezer Joch mit Lava Blanca zum Lago di Santa Giustina
Ideale Reisezeit: Frühling und auch September/Oktober während der Apfelernte und der Weinlese. Ganz besonderen Reiz haben sonnige Novembertage, wenn das Laub allerorten golden leuchtet.
Fahrerische Höhepunkte: Anfahrten zu Arzker- und Weißbrunnersee, Brezer Joch, Mendelpass
Landschaftliche Höhepunkte: Ultental samt Abstecher, Val di Rabbi, Lava Blanca (weiße Felsen) am Brezer Joch, Val di Tovel, Region um den Kalterer See
Motorrad: ohne Einschränkung für jeden Motorradtyp geeignet
Fahrerischer Anspruch: Die Normalroute ist auch für wenig bergerfahrene Motorradfahrer geeignet. Die Kehren sind durchweg großzügig bei normaler, zweispuriger Fahrbahnbreite. Die Abstecher in die Täler hingegen weisen in ihren Schlussanstiegen enge Kehren bei schmaler Fahrbahn auf, weswegen dort ein gerüttelt Maß an Bergerfahrung gefordert ist.
Übernachtung: Lana: Aktivhotel Pöder, Gilmannweg 1, Tel. 0039/0473/561258, E-Mail: info@hotel-poeder.com; Schenna: Gästehaus Gröber Hof, Verdinserstraße 40, Tel. 0039/0473/945858, E-Mail: groeberhof@dnet.it; Dorf Tirol: Garni Schneeburghof, Segenbühelweg 26, Tel. 0039/0473/923595, E-Mail: info@schneeburghof.com; Rumo: Hotel Margherita, Fraz. Marcena 61, Tel. 0039/0463/530531, E-Mail: hotelmarg@tin.it und B & B Larix, Fraz. Mocenigo, Tel. 0039/ 0463/531031, E-Mail: info@larixrumo.it; Ronzone: Hotel Stella delle Alpi, Via Mendola, 41, Tel. 0039/0463/880620, E-Mail: info@stelladellealpi.it, Fondo: Hotel Lago Smeraldo, Via Lago Smeraldo 12, Tel. 0039/0463/831104, E-Mail: info@hotellagosmeraldo.it; Tret di Fondo: Albergo Aurora, Via Cantone 24, Tel. 0039/0463/880022, E-Mail: info@albergo-aurora.it
Tourismus: www.suedtirol.com; www.visittrentino.it, www.trentinoinmoto.com
Karten: Mairdumont-Generalkarte Italien »Südtirol/Trentino«, 1 : 200.000; Michelinkarte Nr. 11 562 »Trentino/Südtirol/ Venedig«, 1 : 400.000; Motorrad-Atlas »Alpenländer« von Hallwag, Maßstab 1 : 300.000

Durch die weißen Felsen der Lava Blanca hinauf zum Brezer Joch

Anbindung Zusatztour 11

In Bozen findet man einen guten Anschluss an die Zusatztour 11 von den Zusatztouren 10 und 9. Von der Zusatztour 10 kommend kann man auch bei Tramin an der Weinstraße in Höhe Neustadt hinüberwechseln.

Die Dolomiten – der Süden

Den südlichen Teil der Dolomiten teilen sich die Regionen Südtirol, Trentino und Belluno. Auch wenn die Pässe dort nicht so populär sind wie in den Zentral-Dolomiten, so fällt der Fahrspaß keineswegs geringer aus. Und gerade die kleinen Pässe weit unterhalb der 2000-Meter-Grenze sind es, die viele landschaftliche und fahrerische Höhepunkte bieten.

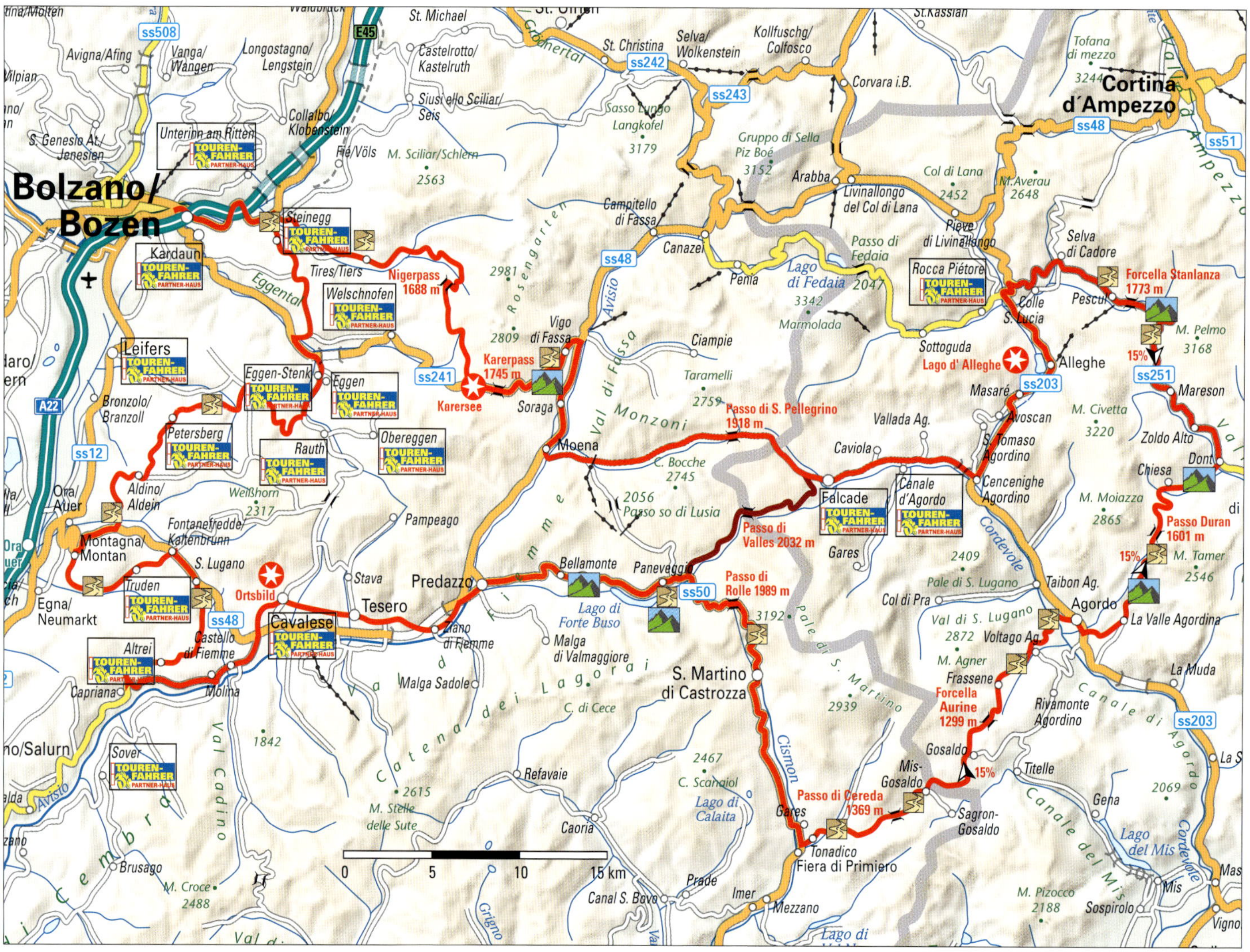

INFORMATION

Land/Region: Italien/Südtirol/Dolomiten
Start- und Zielort: Bozen
Streckenlänge: 320 km (ohne Abstecher)
Zeitaufwand: Tages-/Zweitagestour (reine Fahrtzeit ca. 7 Stunden)
Pässe und Bergstraßen: Passo di Rolle (1989 m), Passo di Valles (2032), Passo di Cereda (1369 m), Forcella Aurine (1299 m), Passo Duran (1601 m), Forcella Staulanza (1773 m), Passo di S. Pellegrino (1918 m), Karerpass (1745 m), Nigerpass (1688 m)
Wintersperren: Passo Duran ist regelmäßig von Dezember bis April gesperrt. Die übrigen Pässe werden bedarfsweise abhängig von der Wetterlage kurzfristig geschlossen.
Maut: ausschließlich mautfreie Strecken
Abstecher/Alternativrouten: Unter Einbeziehung des Passo di Valles kann die Route verkürzt oder auch in Form einer Acht gefahren werden.
Ideale Reisezeit: später Frühling bis Herbst. Monat August wegen des hohen Verkehrsaufkommens während der italienischen Ferien jedoch möglichst meiden.
Fahrerische Höhepunkte: Die schönsten Kurven und Kehren bieten die Südrampe des Passo di Rolle, Passo di Valles, Passo di Cereda, Forcella Aurine, Passo Duran und Forcella Staulanza.
Landschaftliche und kulturelle Höhepunkte: Diese Tour wird allerorten von herrlichem Bergpanorama begleitet. Ein Stopp in Cavalese und am kristallklaren Karersee sollte keinesfalls versäumt werden.
Motorrad: ohne Einschränkung für jeden Motorradtyp geeignet
Fahrerischer Anspruch: Eine Tour, die wegen der oft schmalen Fahrbahn und enger Kehren ein wenig Übung im Befahren von Bergstraßen voraussetzt.
Übernachtung: Kardaun/Karneid: Hotel Gasthof Der Eggentaler, Tel. 0039/0471/365294; Steinegg: Hotel Steineggerhof, Tel. 0039/0471/376573; Eggen-Stenk: Hotel Mondschein, Tel. 0039/0471/610123; Petersberg/Deutschnofen: Garni Sonnegg, Tel. 0039/0471/615245 und Gasthof-Pizzeria Wieser, Tel. 0039/0471/615152; Truden: Moho-Hotel Ludwigshof, Tel. 0039/0471/869118; Altrei: Hotel Langeshof, Tel. 0039/0471/882027; Cavalese: Motor Bike Hotel La Stua, Tel. 0039/0462/340235; Rocca Pietore: Hotel Marianna, Tel. 0039/0437/722283; Canale d'Agordo: Hotel Garni Costa, Tel. 0039/0437/590226; Falcade: Albergo Belvedere, Tel. 0039/0437/599021
Tourismus: Südtirol Information, Pfarrplatz 11, I-39100 Bozen, Tel. 0039/0471/999999, E-Mail: info@suedtirol.info, www.suedtirol.info; Trentino Marketing, Via Romagnosi 11, I-38100 Trento, Tel. 0039/0461/219500, www.visittrentino.it
Karten: Mairdumont-Generalkarte Pocket »Südtirol/Dolomiten/Trentino«, Maßstab 1 : 200.000; Michelinkarte Nr. 11 562 »Trentino – Südtirol – Venedig«, Maßstab 1 : 400.000; Motorrad-Atlas »Alpenländer« von Hallwag, Maßstab 1 : 300.000

Der Süden der Dolomiten – ideales Revier für Liebhaber kleiner, schmaler Bergstraßen

Anbindung Zusatztour 12

Die Tour schlägt einen weiten Bogen von Bozen aus nach Süden über Trient bis Riva del Garda. Bei Birchabruck und Molina kreuzt sie dabei zweimal die Zusatztour 11.

Von Südtirol zum Gardasee

Wer von Bozen zum Gardasee – oder auch umgekehrt – fahren will, sollte weitab von Autobahn und Verkehr diese Alternative ausprobieren. Absolutes Highlight dieser Tour ist die Südrampe des Passo di Manghen, der mit der Baita-Manghen-Hütte kurz unterhalb der Passhöhe auch noch einen schönen Platz für eine Rast bietet.

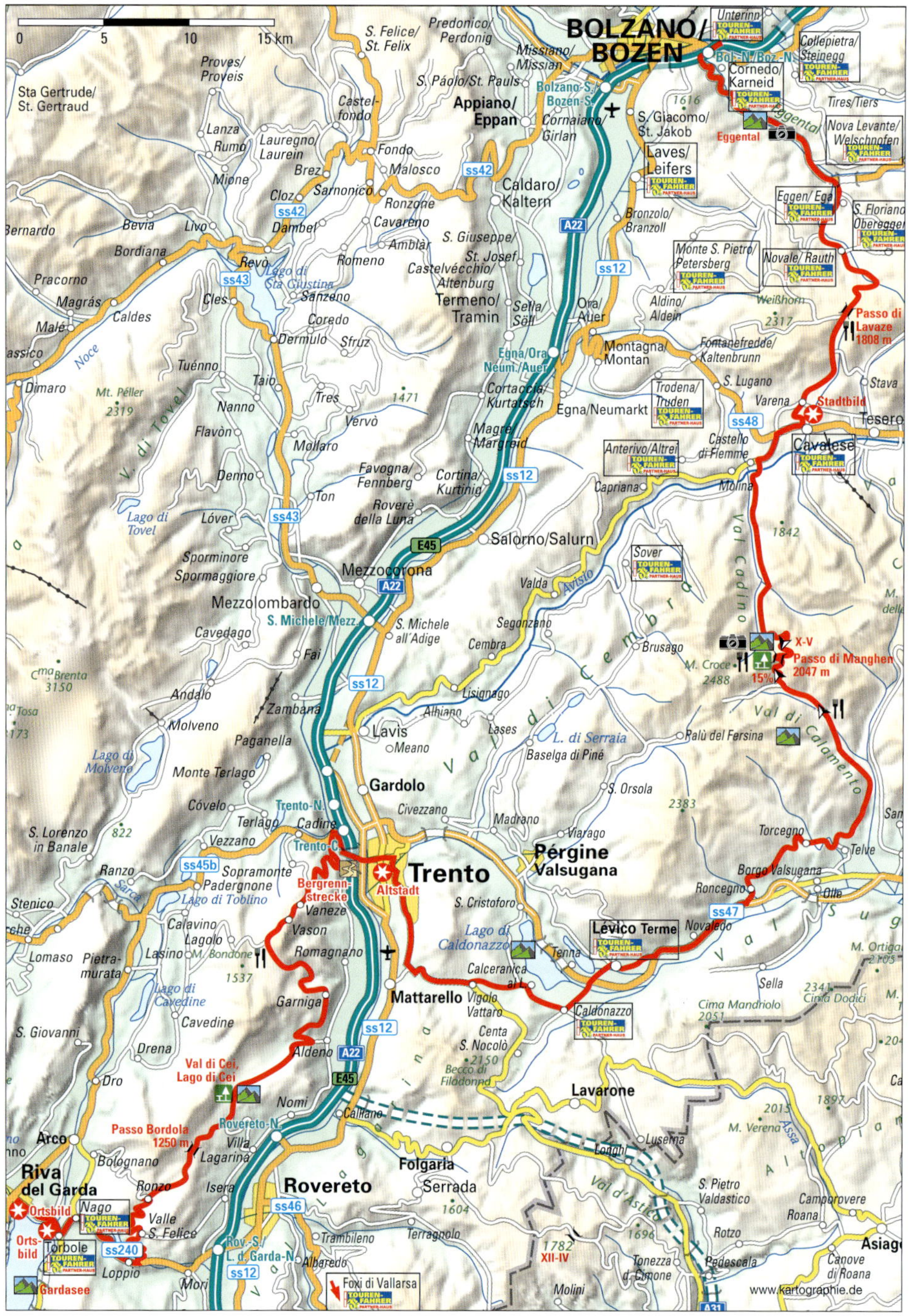

Rast in Trento

INFORMATION

Land/Region: Italien/Südtirol und Trentino
Start/Zielort: Bozen/Torbole
Streckenlänge: 184 km
Zeitaufwand: Tagestour (reine Fahrtzeit ca. 5 Stunden)
Pässe und Bergstraßen: Lavaze-Joch (1805 m), Passo di Manghen (2047 m), Monte Bondone (1537 m), Passo Bordola (1250 m)
Wintersperren: Passo di Manghen je nach Wetterlage zwischen Oktober und Mai, restliche Strecken kurzfristige Sperrungen nach Schneefall möglich
Maut: auschließlich mautfreie Strecken
Ideale Reisezeit: Mai, Juni, September, bei trockenem Herbstwetter bis Oktober
Fahrerische Höhepunkte: Passo di Manghen, Monte Bondone, Val di Cei
Landschaftliche Höhepunkte: Eggental, Val Cadino, Passo di Manghen, Val Calamento, Lago di Caldonazzo, Monte Bondone, Val und Lago di Cei, Gardasee
Geeignetes Motorrad: ohne Einschränkung
Fahrerischer Anspruch: Passo di Manghen und Val di Cei erfordern wegen der sehr schmalen Fahrbahn und einigen engen Spitzkehren etwas Bergerfahrung.
Übernachtung: Caldonazzo: Albergo Due Spade, Piazza Municipio 2, Tel. 0039/0461/723113
Cavalese: Motor Bike Hotel La Stua, Piazza Dante 2, Tel. 0039/0462/340235
Eggen: Hotel Mondschein, Stenk 4, Tel. 0039/0471/610123;
Gasthof Gasserhof, Dorf 6, Tel. 0039/0471/615882;
Hotel Rauth, Rauth 19, Tel. 0039/0471/615723
Foxi di Vallarsa: Albergo alla Lanterna, Tel. 0039/0464/869144
Kardaun/Karneid: Gasthof Der Eggentaler, Eggentaler Str. 47, Tel. 0039/0471/365294
Levico Terme: Hotel Cristallo, Via G. de Vettorazzi, n.2, Tel. 0039/0461/706427;
Hotel Al Sorriso, Via Lungo Lago Segantini, 14, Tel. 0039/0461/707029
Montesover: Hotel Tirol, Frazione Montesover, 3, Tel. 0039/0461/698377
Nago-Torbole: Hotel Garni Toresela, Via Rivana 5 a, Tel. 0039/0464/540030
Obereggen: Hotel Royal, Tel. 0039/0471/615891;
Hotel Obereggen, Tel. 0039/0471/ 615722;
Piccolo Hotel, Tel. 0039/0471/615900
Petersberg/Deutschnofen: Garni Sonnegg, Dorf 43, Tel. 0039/0471/615245; Gasthof-Pizzeria Wieser, Dorf 45, Tel. 0039/0471/615152
Steinegg: Hotel Steineggerhof, Oberdorf 18, Tel. 0039/0471/376573
Steinmannwald-Leifers: Hotel Steinmannwald, Brennerstr. 51, Tel. 0039/0471/954243
Torbole sul Garda: Freestyle Hotel Santoni, Via Strada Granda 2, Tel. 0039/0464/505966
Truden: Hotel Ludwigshof, Mühlnerstr. 8, Tel. 0039/0471/869118
Unterinn am Ritten: Motorrad-Stadl Moarhof, Mustergasse 59, Tel. 0039/0471/359144
Welschnofen: Hotel Friedrich, Pretzenberger Weg 16, Tel. 0039/0471/613104;
Hotel Nigglhof, Pretzenberger Weg 10, Tel. 0039/0471/613117
Tourismus: www.suedtirol.com; www.visittrentino.it
Karten: Generalkarte Italien »Südtirol/ Trentino«, 1 : 200.000, Verlag Mairdumont; Michelinkarte Nr. 11 562 »Trentino/Südtirol/ Venedig«, 1 : 400.000

Das Passhighlight im Trentino: der Passo di Manghen

Anbindung Zusatztour 13

Den besten Einstieg in die Runde durch das südliche Trentino hat man von der Zusatztour 12 aus westlich von Mori und bei Castellano nördlich von Rovereto.

Durchs südliche Trentino

Die Überschrift müsste eigentlich um die Worte »und durchs nördliche Venetien« ergänzt werden, denn dort liegt der Monte Lessini, reich garniert mit Traumstraßen. Doch auch am Monte Baldo und speziell zwischen Pasubio und Rovereto geht's kaum einmal geradeaus.

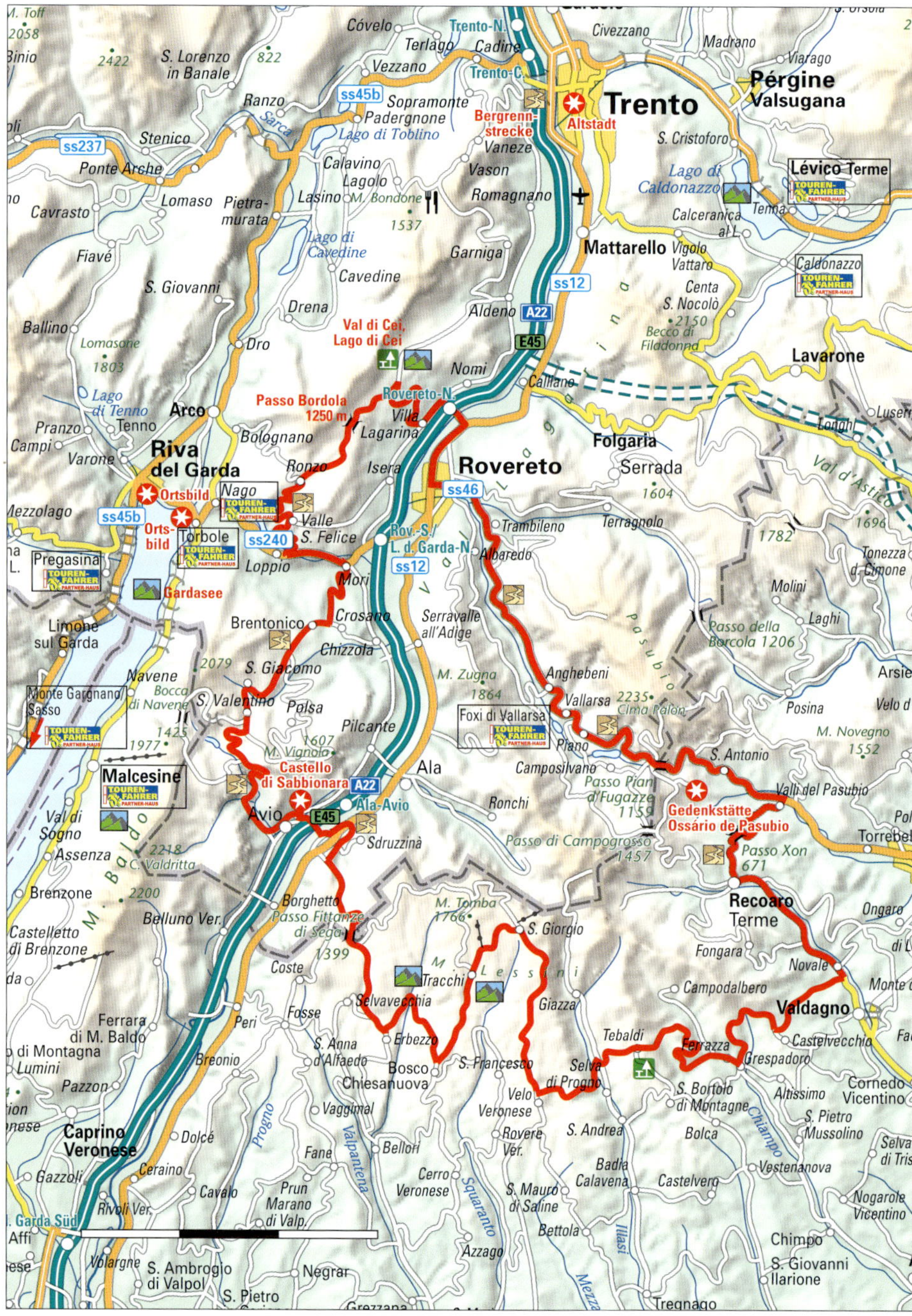

Mit dem Ossário d´Pasúbio wird den bei der Schlacht um den Monte Pasúbio im 1. Weltkrieg getöteten Soldaten gedacht.

INFORMATION

Land/Region: Italien/Trentino
Start- und Zielort: Rovereto
Streckenlänge: 188 km
Zeitaufwand: Tagestour (reine Fahrtzeit ca. 6 Stunden)
Anreise: Rovereto liegt in Oberitalien im Trentiner Etschtal, südlich der Provinzhauptstadt Trento und nur wenig nordöstlich vom Gardasee. Die schnellste Anreise von Norden führt über den Brennerpass und weiter über die Autobahn A 22 via Bozen, Trento bis zur Ausfahrt Rovereto-Nord. Von dort lässt sich auch über Villa Lagarina unmittelbar in die Runde einsteigen.
Pässe und Bergstraßen: Passo Bordola (1250 m), Bergstraße über das Monte-Baldo-Massiv, Passo Fittanze di Sega (1399 m), Bergstraße um den Monte Lessini, Passo Xon (671 m), Passo Pian delle Fugazze (1159 m), Bergstraße Vallarsa/Rovereto
Wintersperren: Monte Baldo im Bereich der Tourstrecke keine offizielle Sperre, übrige Bereiche von November bis Mai gesperrt. Passo Fittanze di Sega von November bis Mai. Im weiteren Bereich vom Monte Lessini bedarfsweise Sperrungen je nach Wetterlage
Maut: ausschließlich mautfreie Strecken
Abstecher: Von Loppio sind es nur wenige Minuten Fahrtzeit bis Torbole und Riva für ein Eis oder einen Cappuccino am Ufer des Gardasees.
Ideale Reisezeit: später Frühling bis Frühsommer und Herbst
Fahrerische Höhepunkte: Passo Bordola und die Abfahrt nach Loppio, Monte Baldo, alle Straßen am Monte Lessini. Ganz »heiß« ist die Strecke zwischen Foxi di Vallarsa und Rovereto. Diesen Abschnitt auch noch einmal in Gegenrichtung (bergauf) zu fahren sollte man keinesfalls versäumen.
Landschaftliche Höhepunkte: Val di Cei, Gardasee, Monte Baldo, Monte Lessini, Pasubio-Massiv
Motorrad: ohne Einschränkung für jeden Motorradtyp geeignet
Fahrerischer Anspruch: auch für Fahrer mit wenig Bergerfahrung geeignet. Allerdings ist gelegentlich das Durchfahren enger Kurven mit geringer Geschwindigkeit gefordert.
Übernachtung: Caldonazzo: Albergo Due Spade, Piazza Municipio 2, Tel. 0039/0461/723113
Foxi di Vallarsa: Albergo alla Lanterna, Tel. 0039/0464/869144
Gargnano: Hotel Monte Gargnano, Via Liano 13, Tel. 0039/0365/71389
Levico Terme: Biker Hotel Cristallo, Via G. de Vettorazzi, n.2, Tel. 0039/0461/706427 und Hotel Al Sorriso, Via Lungo Lago Segantini, 14, Tel. 0039/0461/707029
Malcesine: Hotel Villa Alba, Tel. 0039/045/7400277
Nago-Torbole: Hotel Garni Toresela, Via Rivana 5 a, Tel. 0039/0464/540030
Pregasina: Hotel Panorama, Tel. 0039/0464/520344
Torbole sul Garda: Freestyle Hotel Santoni, Via Strada Granda 2, Tel. 0039/0464/505966
Tourismus: www.visittrentino.it, www.trentinoinmoto.com
Karten: Mairdumont-Generalkarte »Gardasee/Venedig«, Maßstab 1 : 200.000; Michelinkarte Nr. 11 562 »Trentino – Südtirol – Venedig«, Maßstab 1 : 400.000

Fernab vom Verkehr unterwegs am Monte Lessini

Anbindung Zusatztour 14

Die Zusatztour 14 ins südliche Trentino teilt sich von Rovereto aus kommend ein Stück der Strecke mit der Zusatztour 13 bis kurz vor Sant'Antonio. Aus beiden Touren kann man hier auch eine große Rundfahrt machen. Im Norden trifft die 44 am Lago die Levico auf die Zusatztour 12.

Stille Winkel im Trentino

Das südliche Trentino steht touristisch ganz zu Unrecht im Schatten des übermächtigen Gardasees. Für uns Motorradfahrer ist es hier einfach paradiesisch, auch wenn der Asphalt der kleinen Straßen mit den wenig bekannten Pässen nicht immer der allerbeste ist. Und nach der Tour durch die einsame Bergwelt ist es nicht weit zum bunten Treiben auf den Seepromenaden.

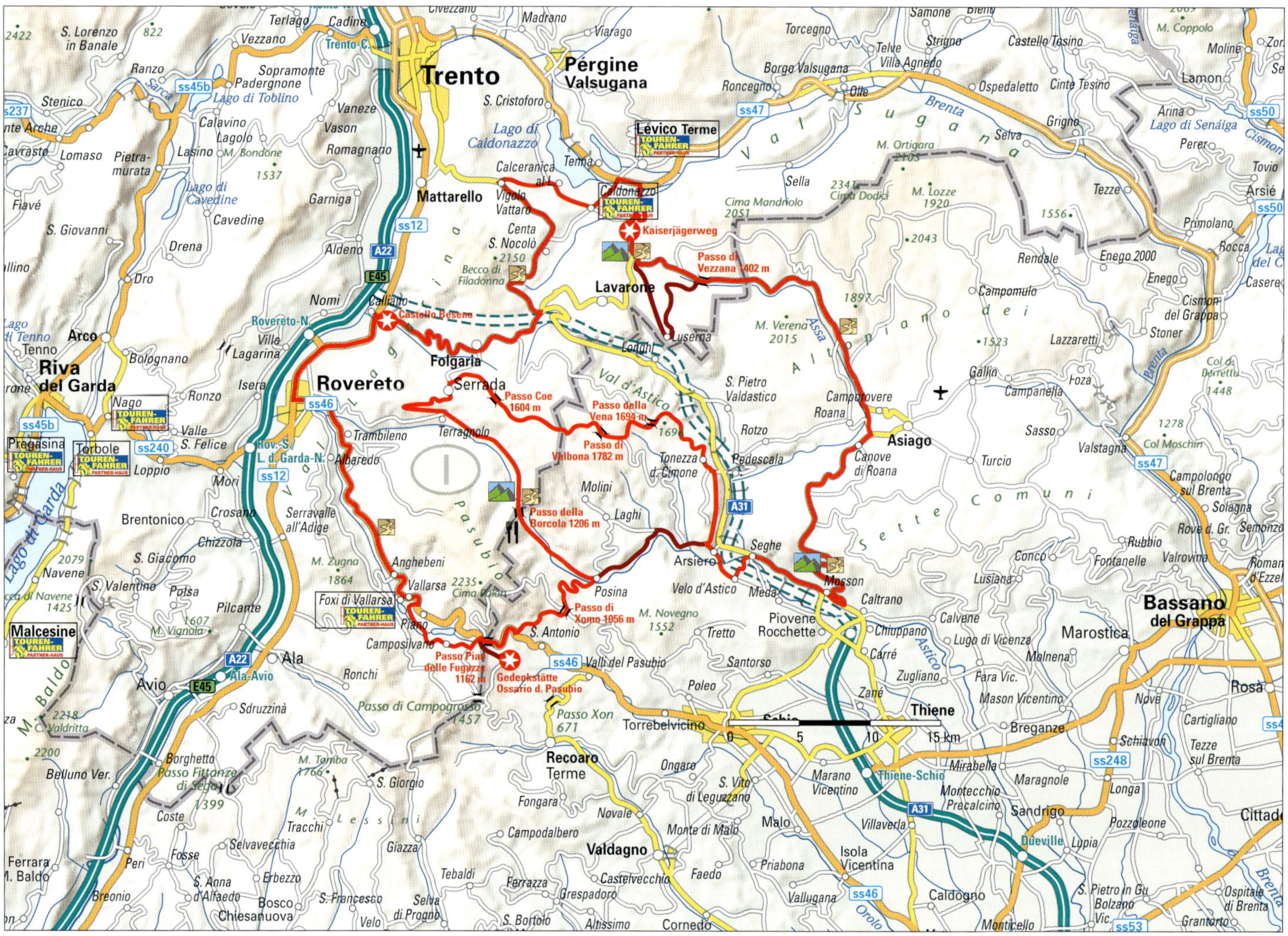

INFORMATION

Land/Region: Italien/Trentino
Start- und Zielort: Rovereto
Tourgebiet: südlicher Teil des Trentino, südöstlich der Hauptstadt Trento
Streckenlänge: rund 210 km
Zeitaufwand: Tagestour (reine Fahrtzeit ca. 6 Stunden)
Pässe und Bergstraßen: Passo Pian delle Fugazze (1162 m), Passo di Xomo (1056 m), Passo della Borcola (1206 m), Passo Coe (1604 m), Passo di Valbona (1782 m), Passo della Vena (1694 m), Passo di Vezzana (1402 m), Kaiserjägerweg
Wintersperren: keine starr festgelegten Wintersperren. Jenseits der 1200-m-Marke muss jedoch zwischen Dezember und April mit Sperrungen gerechnet werden.
Maut: ausschließlich mautfreie Strecken
Abstecher/Alternativen: Abstecher zum Ossario de Pasubio, eine Grab- und Gedenkstätte für die im 1. Weltkrieg am Pasubio-Massiv gefallenen Soldaten. Eilige Zeitgenossen können zwischen Posina und Arsiero abkürzen, ihnen entgehen aber vier Pässe. Gleich hinter dem Passo di Vezzana Alternativroute über Luserna, einer deutschen Sprachenklave.
Ideale Reisezeit: April bis Oktober, Monat August wegen der Ferienzeit in Italien und dem damit verbundenen hohen Verkehrsaufkommen möglichst meiden.
Fahrerische Höhepunkte: Streckenabschnitt Rovereto – Passo Pian delle Fugazze, Passo della Borcola, durchs Val d'Assa zum Passo di Vezzana
Landschaftliche Höhepunkte: Passo di Xomo, Passo della Borcola, Passo Coe, und ganz besonders eindrucksvoll: der Kaiserjägerweg mit tollem Blick über den Lago di Caldonazzo
Motorrad: grundsätzlich für jeden Motorradtyp geeignet. Wegen des stellenweise recht ungepflegten Asphalts kommen auf dieser Tour längere Federwege nicht ungelegen.
Fahrerischer Anspruch: bei guter fahrerischer Kondition auch für weniger geübte Bergfahrer geeignet
Übernachtung: Foxi di Vallarsa: Albergo alla Lanterna, Tel. 0039/0464/869144;
Levico Terme: Biker Hotel Cristallo, Via G. de Vettorazzi, n.2, Tel. 0039/0461/706427;
Caldonazzo: Albergo Due Spade, Piazza Municipio 2, Tel. 0039/0461/723113;
Nago-Torbole: Hotel Garni Toresela, Via Rivana 5 a, Tel. 0039/0464/540030;
Torbole sul Garda: Aktivhotel Santalucia, Via Santa Lucia, 6, Tel. 0039/0464/505140 und Freestyle Hotel Santoni, Via Strada Granda 2, Tel. 0039/0464/505966;
Malcesine: Hotel Villa Alba, Tel. 0039/045/7400277;
Pregasina: Hotel Rosalphina, Tel. 0039/0464/554293;
Sasso di Gargnano: Residence Hotel Monte Gargnano, Via Sisengla, 41, Tel. 0039/0365/71389 (Hotel liegt knapp außerhalb der Karte)
Tourismus: www.visittrentino.it, www.trentinoinmoto.com
Karten: Mairdumont-Generalkarte »Gardasee/Venedig«, Maßstab 1 : 200.000; Michelinkarte Nr. 11 562 »Trentino – Südtirol – Venedig«, Maßstab 1 : 400.000; Motorrad-Atlas »Alpenländer« von Hallwag, Maßstab 1 : 300.000

Auf dem legendären Kaiserjägerweg hoch über dem Lago di Caldonazzo

Anbindung Zusatztour 15

In Tiefencastel in Graubünden trifft die Zusatztour 15 auf die Tour 20. Hier schneidet sie ebenso wie später in Thusis die Transalp-Tour 1.

An Rhein und Albula

In Chur, dem Hauptort des Schweizer Kantons Graubünden und der zugleich ältesten Stadt der Schweiz, beginnt und endet diese kurvige Reise. Immer wieder begegnen wir dem noch jungen Rhein und seinen Zuflüssen und sehen ihm auch zu, wie er sich dramatisch durch die enge Klamm der Via Mala zwängt.

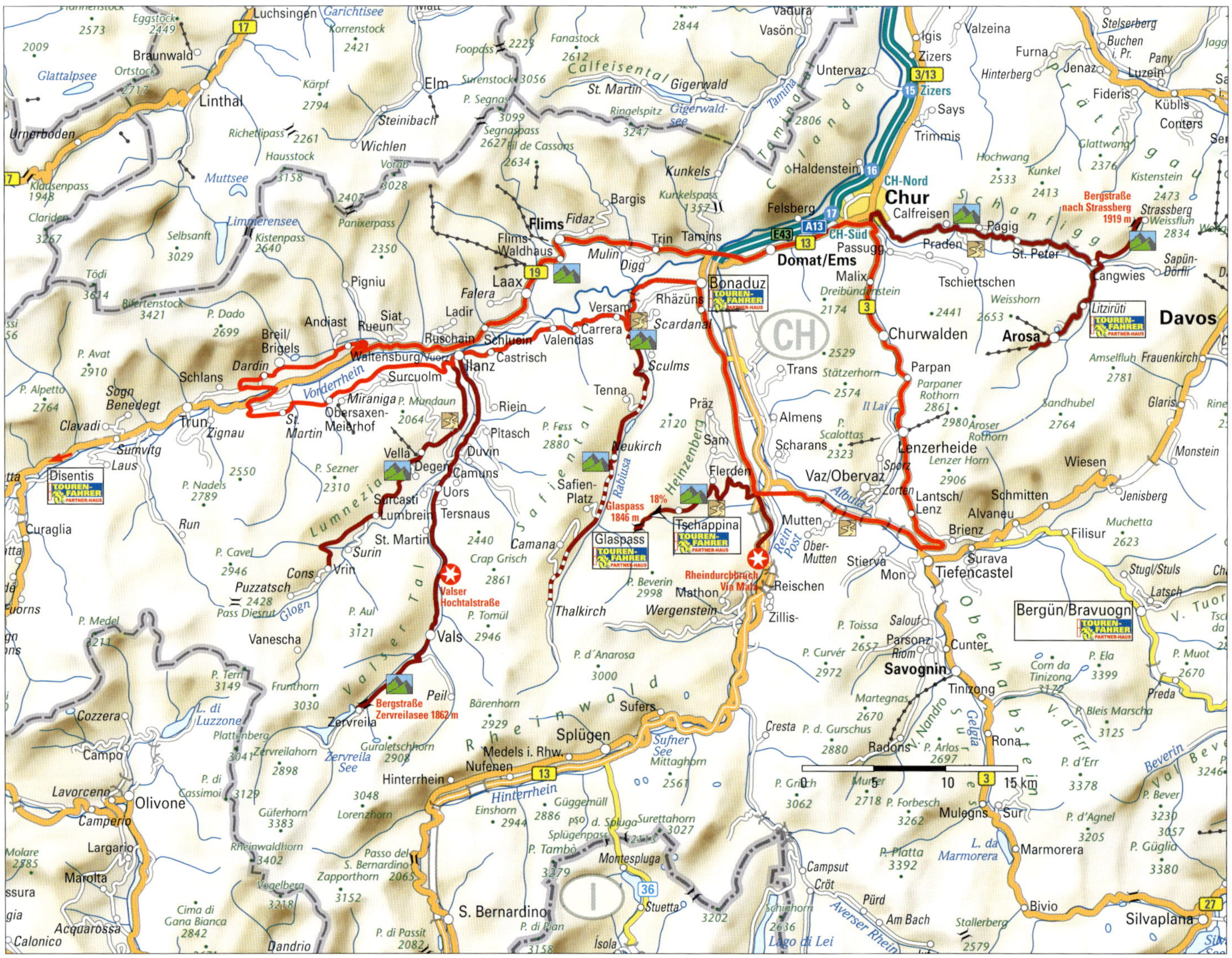

INFORMATION

Land/Region: Schweiz/Graubünden
Tourgebiet: Täler des Vorder- und Hinterrheins und der Rheinzuflüsse Albula, Plessur, Rabiuse und Valser
Start- und Zielort: Chur
Streckenlänge: rund 370 km
Zeitaufwand: Tages-/Zweitagestour (reine Fahrtzeit ca. 10,5 Stunden)
Pässe und Bergstraßen: Glaspass (1846 m), Valser Hochtalstraße mit dem Endpunkt am Zervreilasee (1862 m); Bergstraße Strassberg (1919 m)
Wintersperren: Glaspass November bis Mai, Valser Hochtalstraße Oktober bis Mai
Maut: Bergstraße nach Strassberg (zahlbar in Gemeindeämtern und Gasthöfen)
Abstecher: Der Abstecher zum Glaspass ist gleich mehrfach lohnenswert. Im unteren Teil bietet er wunderschöne lang gezogene Kurven inmitten sattgrüner Bergwiesen. Im oberen Abschnitt wird er dann zur schmalen, steilen Bergstraße, an deren Ende das Berggasthaus Beverin Nächte in völliger Ruhe bietet. Und vom Talort Thusis sind es nur wenige Kilometer in die legendäre Schlucht der Via Mala. Auch der Abstecher nach Arosa sollte keinesfalls verpasst werden. Wo sonst noch gibt es auf 30 Kilometern Weg 350 Kurven. Der Abstecher durchs Safiental nach Thalkirch muss behutsam angegangen werden, derweil der Asphalt immer wieder einmal von einem Stück Naturstraße unterbochen wird. In Ilanz am Vorderrhein bieten sich gleich zwei Abstecher an. Der eine führt über die Valser Hochtalstraße bis zum Zervreilasee und der andere durchs Val Lumnezia zum malerischen Bergdorf Vrin.
Ideale Reisezeit: Mai bis Oktober
Fahrerische Höhepunkte: Glaspass, Abstecher nach Arosa, Valser Hochtalstraße
Landschaftliche Höhepunkte: Via Mala, wo sich etwas südlich von Thusis der Rhein durch eine schmale Felsklamm zwängt. Die Flusstäler von Vorder- und Hinterrhein, Albula, Plessur, Rabiuse und Valser.
Motorrad: für jeden Motorradtyp geeignet
Fahrerischer Anspruch: auch für wenig geübte Bergfahrer geeignet. Die wenigen nicht asphaltierten Teilstücke der Abstecher sollten bei behutsamer Fahrweise für Anfänger kein Problem darstellen.
Übernachtung: Bonaduz: Hotel Alte Post, Versamer Straße 1, Tel. 0041/81/6411218, E-Mail: info@altepost-bonaduz.ch; Litzirüti: Hotel Ramoz, Tel. 0041/81/3771063, E-Mail: hotelramoz@bluewin.ch; Glaspass/Tschappina: Berggasthaus Beverin, Glaspass, Tel. 0041/81/6511323, E-Mail: info@berggasthaus-beverin.com; Tschappina: Hotel Heimat, Tel. 0041/81/6511605, E-Mail: info@heimat-tschappina.ch; Disentis: Hotel Sax, Via Sax 1, Tel. 0041/81/9203150, E-Mail: info@hotelsax.ch; Bergün; Hotel Piz Ela, Tel. 0041/81/4072323, E-Mail: info@pizela.ch
Tourismus: Schweiz Tourismus, Postfach 16 07 54, 60070 Frankfurt a. M., Tel. 00800/100 20030 (gratis), www.myswitzerland.com
Karten: Michelinkarte Regional Nr. 11 553 »Schweiz Süd-Ost«, Maßstab 1 : 200.000; Mairdumont-Generalkarte Schweiz »Westlicher Teil«, Maßstab 1 : 200.000; Motorrad-Atlas »Alpenländer« von Hallwag, Maßstab 1 : 300.000

Am Graubündner Glaspass (Sackstraße), an dessen Ende die Terrasse vom urigen Berggasthaus Beverin zur Rast einlädt

Anbindung Zusatztour 16

Von Bonaduz aus verlängert die Zusatztour 16 die Zusatztour 15 nach Südwesten. Bei Disentis und Andermatt trifft sie auf die Transalp-Tour 1. Ab Wassen teilt sie sich ein Stück der Strecke mit der Tour 12.

Rhein und Rhône

Diese Tour startet in Graubünden am noch jungen Rhein, dort wo sich seine beiden Zuflüsse Vorderrhein und Hinterrhein zum Alpenrhein vereinigen. Dem malerischen Vorderrheintal bergwärts folgend kommen wir zum Oberalppass, der die Grenze zum Wallis markiert. Da die Route ab Andermatt in Form einer Acht verläuft, ist die Reihenfolge der weiteren Pässe wie folgt vorgesehen: Susten-, Grimsel-, Furka-, St.-Gotthard-Pass/Tremolastraße, Nufenenpass.

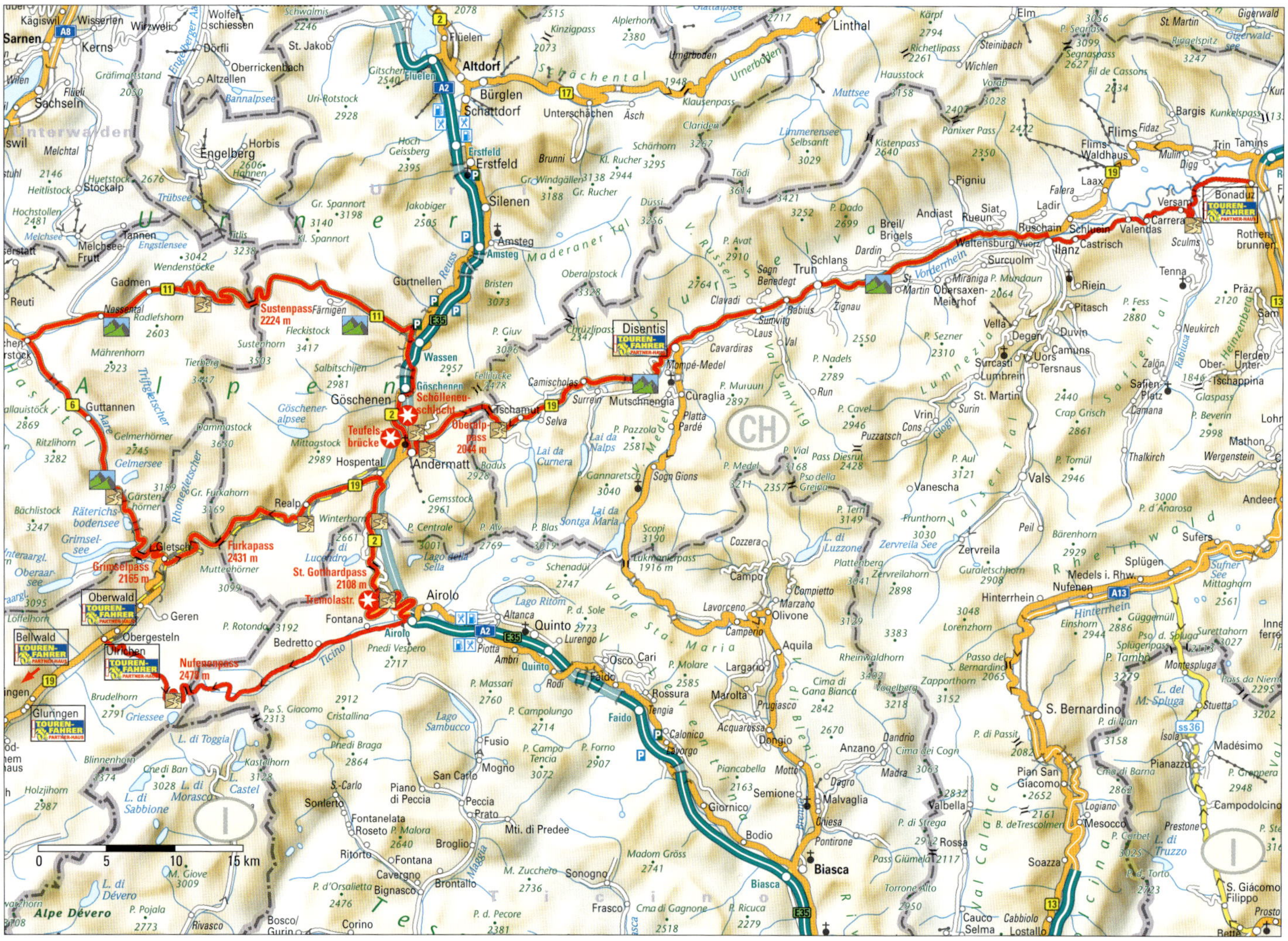

INFORMATION

Land/Region: Schweiz/Graubünden/Wallis
Startort: Bonaduz
Zielort: Ulrichen
Streckenlänge: 250 km
Zeitaufwand: Tagestour (reine Fahrtzeit ca. 5 Stunden)
Pässe und Bergstraßen: Oberalppass (2044 m), Furkapass (2431 m), Grimselpass (2165 m), Sustenpass (2224 m), St.-Gotthard-Pass (2108 m), Nufenenpass (2478 m)
Wintersperren: Alle im Bereich der Strecke liegenden Pässe unterliegen einer generellen Wintersperre, die je nach Schneelage zwischen den Monaten Oktober/November und Mai/Juni erfolgt. Immer aktuelle Meldungen unter www.acs.ch, der Internetseite des Schweizer Automobilclubs.
Maut: ausschließlich mautfreie Strecken
Ideale Reisezeit: Dies ist eine ganz ideale Alpentour für den Hochsommer, da die Route, abgesehen vom ersten Abschnitt, ausnahmslos über mehr als 2000 m hohe Pässe verläuft. Trotzdem der Tipp, es bei guter Wetterlage im Herbst zu versuchen. Die zu dieser Jahreszeit unglaublich klare Luft und die möglichen Fernblicke werden unvergessen bleiben.
Fahrerische Höhepunkte: Alle genannten Pässe bieten dank ihres ausgezeichneten Ausbauzustandes Fahrspaß pur. Eine »besondere Note« hat die alte Südrampe des St.-Gotthard-Passes ins Val Tremola zu bieten. Ihre Kehren sind großteils gepflastert.
Landschaftliche Höhepunkte: Gleich zu Beginn weiß das Vorderrheintal mit kleinen Weilern inmitten weiter und grüner Matten zu begeistern. Ab dem Oberalppass gibt es dann die Dreitausender gleich reihenweise, glitzernder weißer Gletscher inklusive.
Motorrad: ohne Einschränkung für jeden Motorradtyp geeignet
Fahrerischer Anspruch: Wegen des großzügigen Ausbaus ohne extrem enge Kehren und des hervorragenden Straßenzustands der Pässe ist diese Tour geradezu prädestiniert für bis dahin ungeübte Alpentourer. Aber keine Sorge, unter »Fortgeschrittenen« kommt deswegen keineswegs Langeweile auf.
Übernachtung: Bonaduz: Hotel Alte Post, Versamer Straße 1, Tel. 0041/81/6411218; Disentis: Hotel Sax, Via Sax 1, Tel. 0041/81/9203150; Oberwald: Hotel Alpenhof, Dorfstraße 56, Tel. 0041/27/9733360; Ulrichen: Hotel-Restaurant Astoria, Furkastraße, Tel. 0041/27/9731235; Gluringen: Hotel Tenne, Furkastraße 1, Tel. 0041/27/9731892; Bellwald: Hotel-Restaurant Bellwald, Tel. 0041/27/9701283
Tourismus: Schweiz Tourismus, Postfach 16 07 54, 60070 Frankfurt a.M., Tel. 00800/100 20030 (gratis), E-Mail: info@myswitzerland.com, www.myswitzerland.com
Karten: Mairdumont-Generalkarte Schweiz »Östlicher Teil« und »Westlicher Teil«, Maßstab 1 : 200.000; Michelinkarte Nr. 11552 »Schweiz Süd-West», Maßstab 1 : 200.000; Motorrad-Atlas »Alpenländer« von Hallwag, Maßstab 1 : 300.000

Die alte Tremolastraße, ein unbedingtes Muss für jeden Motorradfahrer

Anbindung Zusatztour 17

Nördlich von Bellinzona zweigt die Zusatztour 17 von der Transalp-Tour 1 ab. In Ulrichen läuft sie dann wieder auf die Transalp-Tour 1 und die Zusatztour 16 auf.

Wallis und Tessin – halb und halb

Dramatisch aufragende Felskulissen und romantische Seen. Diese Tour im Wechsel zwischen Wallis und Tessin bietet von hochalpin bis mediterran ein enormes Spektrum an landschaftlicher Schönheit. Tausend Kurven und Kehren gibt's obendrauf. Sie führen über die spannendsten Pässe im Wallis und durch die schönsten Täler des Tessin.

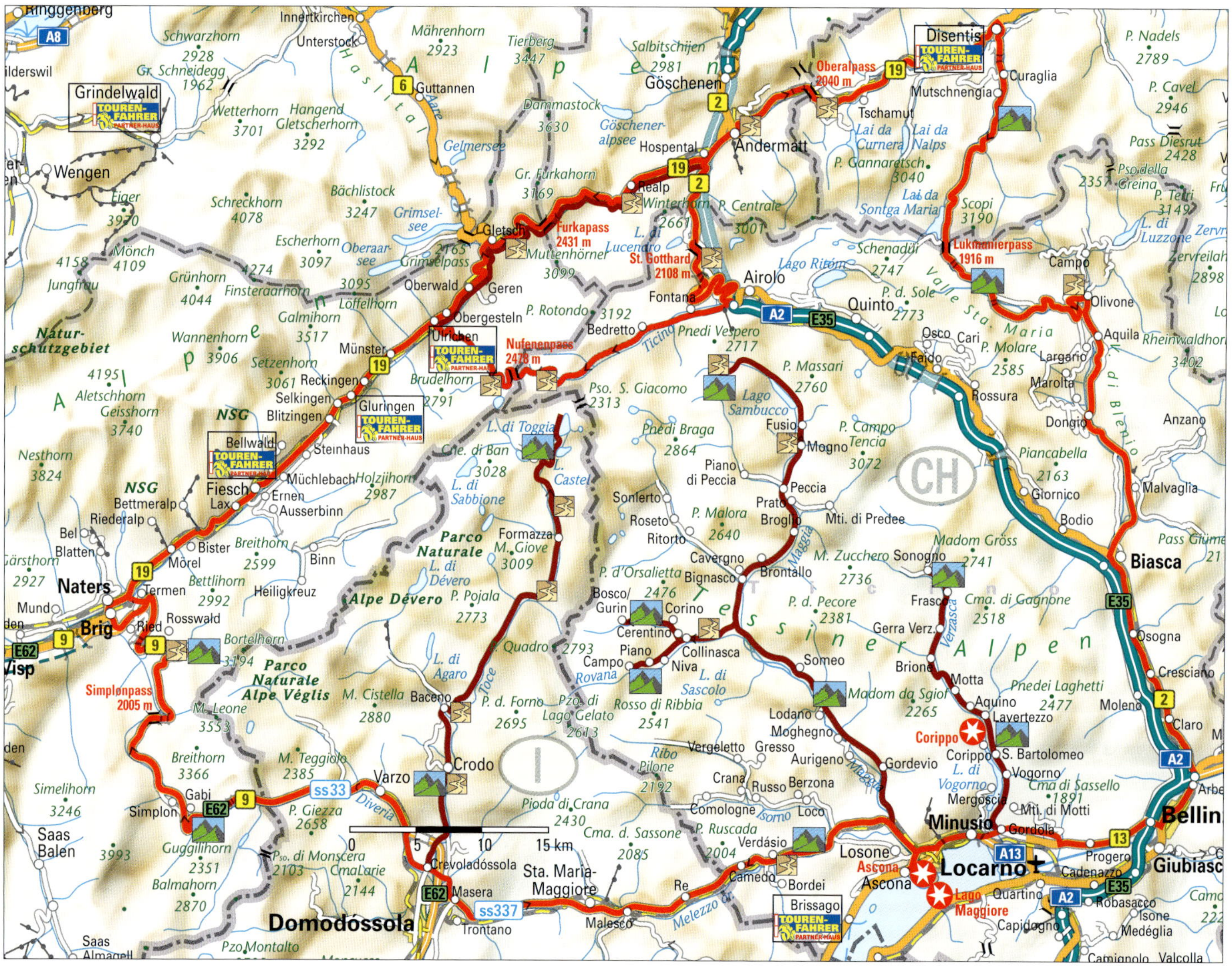

INFORMATION

Land/Region: Schweiz/Kanton Uri
Start- und Zielort: Andermatt
Streckenlänge: 320 km (ohne Abstecher)
Zeitaufwand: Tages-/Zweitagestour (reine Fahrtzeit ohne Abstecher ca. 7 Stunden). Sofern alle empfohlenen Abstecher angefahren werden, sollten für diese Tour idealerweise drei Tage eingeplant werden.
Pässe und Bergstraßen: Oberalppass (2040 m), Lukmanierpass (1916 m), Simplonpass (2005 m), Nufenenpass (2478 m), St.-Gotthard-Pass (2108 m), Furkapass (2431 m), Bergstraße zum Lago del Narèt (2310 m) am Ende des Val Sambuco, Bergstraße zum Lago di Tóggia (2170 m) am Ende des Val Antigório
Wintersperren: Oberalppass und St. Gotthard (Tremolastraße) November bis Mai, Lukmanierpass Dezember bis April, Nufenenpass Oktober bis Juni, Furkapass Oktober bis Mai; die Bergstraßen zu Lago del Narét und Lago di Tóggia sind in der Regel nur zwischen Juni und Oktober befahrbar.
Maut: ausschließlich mautfreie Straßen
Abstecher/Alternativrouten: Val Vercasca mit dem ganz typischen Trentiner Dorf Corippo, Val Sambuco mit Lago del Narèt, Val Antigório mit Lago di Tóggia (letzter Streckenabschnitt Naturstraße), am St. Gotthard ist die ursprüngliche Passrampe, die alte Tremolastraße, sehr zu empfehlen.
Ideale Reisezeit: Bedingt durch die Wintersperren der Pässe kann die Tour ausschließlich in den Monaten Juni bis Oktober gefahren werden.
Fahrerische Höhepunkte: Das Centovalli ist der absolute Traum für jeden kurvengierigen Motorradfahrer. Unter den Pässen sind es Oberalp-, Abschnitte von Simplon- und Nufenenpass, St. Gotthard/Tremolastraße und Furkapass.
Landschaftliche Höhepunkte: Die gesamte Strecke ist landschaftlich überaus reizvoll. Herausragend unter den Pässen ist der Furka. Besonders schön sind auch die als Abstecher empfohlenen Tessiner Täler.
Motorrad: Ohne Einschränkung mit jedem Motorradtyp machbar, wobei auf Teilabschnitten der als Abstecher empfohlenen Täler bei schweren Motorrädern ein geübter Fahrer gefordert ist.
Fahrerischer Anspruch: Bis auf wenige Abschnitte an den Endpunkten der Abstecher (teilweise Naturstraße) ist diese Tour auch für wenig bergerfahrene Motorradfahrer geeignet.
Übernachtung: Disentis: Hotel Sax, Tel. 0041/81/9203150
Brissago: Hotel Primavera, Via Costa di Dentro 19, Tel. 0041/91/7931251
Bellwald: Hotel-Restaurant Bellwald, Tel. 0041/27/9701283
Gluringen: Hotel Tenne, Furkastrasse 1, Tel. 0041/27/9731892
Ulrichen: Hotel-Restaurant Astoria, Tel. 0041/27/9731235
Tourismus: Schweiz Tourismus, Postfach 16 07 54, 60070 Frankfurt a.M., Tel. 00800/100 20030 (gratis), E-Mail: info@myswitzerland.com, www.myswitzerland.com
Karten: Mairdumont-Generalkarte Schweiz »Östlicher Teil« und »Westlicher Teil«, Maßstab 1 : 200.000;
Motorrad-Atlas »Alpenländer« von Hallwag, Maßstab 1 : 300.000

Kurvig und wunderschön: das Centovalli

Anbindung Zusatztour 18

Die Zusatztour 18 verlängert die Zusatztour 19 nach Süden hin zum Lago Maggiore. Gegen den Uhrzeigersinn gefahren trennen sich die Touren in Malesco und treffen sich wieder in Locarno.

Lago Maggiore und seine Berge

»Ein letzter Zipfel vom Sommer« stand über der TF-Reportage über den Lago Maggiore. Doch ein allererster Zipfel vom Sommer wäre genauso faszinierend. Frühling und Herbst sind für den Motorradspaß am Lago Maggiore einfach ideal, und nur wer unbedingt baden will, sollte sich im Hochsommer ins touristische Getümmel rund um den See stürzen.

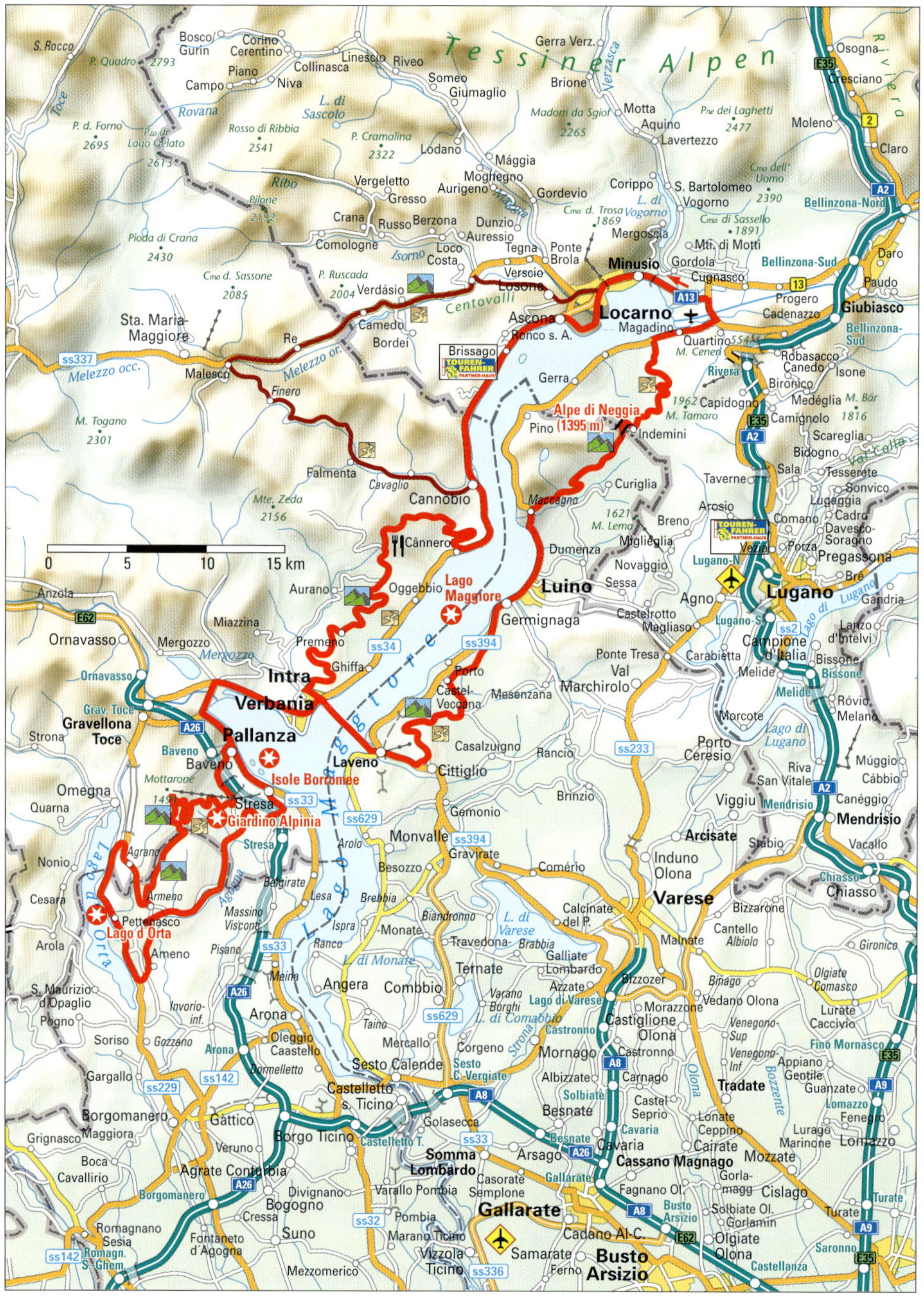

In den engen Gassen von Coconio am Lago d´Orta

INFORMATION

Land/Region: Schweiz/Tessin, Italien/Piemont und Lombardei
Start- und Zielort: nordöstliches Seeende bei Locarno
Streckenlänge: 291 km inkl. Centovalli-Schleife
Zeitaufwand: Tagestour (reine Fahrtzeit ca. 6 Stunden)
Pässe und Bergstraßen: Bergstraße durch die Giardina Alpinia zum Monte Mottarone (1491 m), Alpe di Neggia (1395 m)
Wintersperren: bei Bedarf kurzfristige Sperrungen je nach Wetter- und Schneelage
Maut/Fähre: Bergstraße durch die Giardina Alpina, Fähre Verbania/Laveno
Abstecher/Alternativrouten: von Locarno durchs Centovalli (»Tal der 100 Täler«) bis Malesco und von dort nach Cannobio und zurück zum Lago Maggiore
Ideale Reisezeit: Frühling, Frühsommer und Herbst. Im Hochsommer locken zwar Badefreuden, doch man muss sich entlang des Sees auch oft durch dichten Verkehr quälen.
Fahrerische Höhepunkte: Centovalli; Straße von Cânero in die Berghänge des Monte Zeda; gesamte Strecke zwischen Lago Maggiore und Lago d'Orta (in beiden Richtungen); Alpe di Neggia
Landschaftliche/kulturelle Höhepunkte: Uferstraße des Lago Maggiore; Altstadt und Seepromenade von Ascona; Centovalli; das malerische Dörfchen Orta am gleichnamigen See (für Fahrzeuge gesperrt, parken am Ortsrand); Isole Borromee, eine Gruppe von vier Binneninseln im Golf von Verbania, von denen drei besichtigt werden können. Die Isola Bella besitzt einen attraktiven Sommerpalast und einen pyramidenartigen Garten. Die Isola Madre ist die größte der vier Inseln und bekannt für ihre Gärten im englischen Stil. Auf der Isola dei Pescatori befindet sich ein malerisches Fischerdorf.
Motorrad: ohne Einschränkung für jeden Motorradtyp geeignet
Fahrerischer Anspruch: Die Tour ist auch für Fahrer mit wenig Bergerfahrung geeignet. Allerdings sind die Bergstraßen abseits des Sees teilweise sehr schmal, und der Asphalt ist streckenweise in schlechtem Zustand.
Übernachtung: Brissago: Hotel Primavera, Via Costa di Dentro 19, Tel. 0041/91/7931251, E-Mail: info@primavera-hotel.com, Vezia bei Lugano: Hotel Motel Vezia, Via S. Gottardo 32, Tel. 0041/91/9663631, E-Mail: motel@motel.ch
Tourismus: www.derlagomaggiore.de – mit sehr vielen Informationen über den italienischen Teil des Lago Maggiore
Deutschlandkontakt: Maggioni Tourist Marketing, Kastanienallee 88, 10435 Berlin, E-Mail: info@maggioni-tm.de; www.ciaolagomaggiore.com – mit vielen Infos zu den am See und in den umliegenden Tälern liegenden Orten und Gemeinden.
Karten: Mairdumont-Generalkarte »Oberitalienische Seen«, Maßstab 1 : 200.000; Michelinkarte Nr. 11 561 »Aostatal – Piemont – Lombardei«, Maßstab 1 : 400.000; Motorrad-Atlas »Alpenländer« von Hallwag, Maßstab 1 : 300.000

Auf der Fähre noch nahe beim Anleger in Laveno – auf dem abendlichen Lago Maggiore

Hoch hinaus auf der Edelweißspitze, dem im wörtlichen Sinne Höhepunkt der Großglockner Hochalpenstraße

ALPENTOUR, DIE ZWEITE

Eine Motorradreise, die vom Bodensee bis in die Julischen Alpen führt; durch vier Länder und über deren schönste Pässe und Bergstraßen, durch malerische Täler und vorbei an tiefblauen Seen

Rast am Plansee, malerisch gelegen südwestlich des Ammersattels (links). Nach der Auffahrt über die Mangartstraße zur 2055 Meter hoch gelegenen Lahnscharte ein »luftiger« Platz für schwindelfreie Motorradfahrer (oben).

Tock, tock, tock – puff, puff … weiß der Geier, wo hier im Bregenzer Wald die alten Trecker plötzlich alle herkommen. »Wir treffen uns zur längsten Oldtimertraktorenschlange der Welt«, beantwortet diese Frage die hübsche Brünette, die ganz standesgemäß im Dirndl auf einer laubfroschgrünen Knatterkiste mit ferrariroten Rädern unterwegs ist.

Gefühlte 500 Traktoren weiter sind wir am Riedbergpass. Im Vergleich mit den alten Treckern huschen wir auf leisen Sohlen hinunter ins Allgäu, nach Obermaiselstein, wo uns im TF-Partnerhaus Pension Forelle nicht nur ein gemütliches Zimmer und ein herzhaftes Essen, sondern auch das kleine, aber feine Motorradmuseum von Familie Hafner erwartet. Die ehemalige Scheune der Hafners lädt zu einer Zeitreise in die 50er-, 60er-Jahre ein, zwischen Harleys, Moto Guzzis, Quicklys, Nierentischen und Petticoats.

Kurven, die sich der Landschaft anpassen

Bei Kaiserwetter starten wir auf kleinen Allgäupisten in den neuen Tag. Bolsterlang, Ofterschwang, Hindelang – die Ortsnamen lesen sich fast wie die Zeilen eines Gedichtes. Das Oberallgäu präsentiert sich so malerisch wie in den kultigen Heimatfilmen der 50er. Herrliche Schwünge am Oberjochpass heben uns ins Tannheimer Tal. Dann ist Action angesagt: am Gaichtpass und erst recht im Namloser Tal. Über 25 Kilometer Kurve an Kurve, danach durchatmen beim Cruisen entlang des Plansees. Auch ein lauschiges Rastplätzchen finden wir am malerischen See im Ammergebirge. Wieder fit für neue

Zwei von 52 traumhaften Kehren der 33 Kilometer langen Kärntner Nockalmstraße (oben links). Im kleinen, aber feinen privaten Motorradmuseum des TF-Partnerhauses Pension Forelle in Obermaiselstein (oben rechts). Wenig bekannt, aber wunderschön zum Schauen und Fahren: die Pustertaler Höhenstraße (rechts).

Schräglagen, bringt uns der Ammersattel zum Benediktinerkloster in Ettal. Besonders die Klosterkirche verdient Bewunderung. Der imposante, ursprünglich gotische Bau hat die Form eines Zwölfecks mit rund 25 Metern Durchmesser und wird von einer barocken Kuppel gekrönt.

Das Wettersteingebirge voraus, die Zugspitze im Rückspiegel, huschen wir durchs Werdenfelser Land, wenden uns dann der Mautstraße zu, die durch den wildromantischen Isarwinkel nach Vorderriß führt. Jetzt im Sommer mäandert die Isar durch ihr breites, schotteriges Bett. Unweit vom Achenpass ergießt sie sich in den Sylvensteinspeicher. Die Staumauer des fjordartigen Sees ist seit jeher ein beliebter Motorradfahrer-Treffpunkt.

17 Kilometer fließen unter den Gummis der Bikes durch, dann glitzert der Achensee in der Mittagssonne, und wenig weiter leitet die lang gezogene Kanzelkehre mit toller Aussicht den Abstieg ins Inntal ein. Gleich gegenüber liegt der Eingang ins Zillertal. Im Talort Ried folgen wird dem Hinweis zur Zillertaler Höhenstraße. Nach einem steilen Aufstieg durch dichten Wald wechseln zweimal vier Euro den Besitzer. Gang rein, und auf zu den Zillertaler Almen.

Erstaunlich: Motorradfahren vorm Wachwerden

Schön kurvig geht's durch die Bergwiesen. Immer wieder mal taucht die Straße ab, verschwindet kurz in hellem, lichtem Wald. Dann gewinnt sie auf steilen Passagen wieder schnell an Höhe, und der Blick öffnet sich weit über die Landschaft. Oben bei der Jausenstation füllt Kaiserschmarrn mit Kompott den Bauch – viel Ballast für den mächtig steilen Abstieg nach Hippach.

Nach der Fahrt auf dem schmalen Almsträßchen verfallen wir am Gerlospass mit seinen Fünf-Sterne-Kehren hinab ins Pinzgau fast dem Rausch der Geschwindigkeit. Rauschen tut's dann wahrhaftig und sogar kräftig an den Krimmler Wasserfällen, den höchsten Wasserfällen Österreichs. Der kurze Fußweg – es sind nur wenige Hundert Meter – lohnt sich. Und wir haben gut daran getan, unsere Goretex-Jacken anzubehalten. So können wir uns ganz nach vorn, in die weiße Gischt der zu Tal sausenden Wassermassen der Krimmler Ache trauen. 380 Meter über unseren Köpfen nimmt das imposante und nasse Spektakel seinen Anfang. Über drei Stufen stürzt das Wasser zu Tal. Rund sechs Kubikmeter Wasser pro Sekunde rauschen an uns vorüber. Ein sehr feuchtes Vergnügen!

Erst einmal nass, macht uns der kurze Regenschauer auf dem Weg nach Saalbach zu unserem Nachtquartier dann nichts weiter aus. »Morgen früh scheint wieder die Sonne«, verspricht Günther Fresacher, Gastgeber im TF-Partnerhaus Landhaus Jausern, und hat einen Vorschlag zu machen: »Kommt mit zur Sonnenaufgangstour auf den Glockner.«

Um drei klingelt der Wecker, um halb vier sind wir bereits mit Günther und einem Häuflein verwegener Frühaufsteher auf dem Weg zur Edelweißspitze. Erstaunlich, dass man vor dem Wachwerden schon Motorradfahren kann. Und so läuft die »blaue Stunde«, während wir uns durch die gepflasterten Spitzkehren den Berg hinauftasten – der Sonne entgegen. Günther und seine Gästetruppe sind schon auf und davon, während wir den jungen Morgen genießen. Dann machen auch wir uns auf den Weg talwärts. Mit Ziel Bruck, zum Kilometerstein null der Großglockner Hochalpenstraße. Dort sind wir mit Ulf Böhringer, langjährigem TF-Autor und absolutem Glocknerken-

ner, verabredet. Mit ihm als exklusivem Guide geht's dann zurück auf die Großglockner Hochalpenstraße.

Verglichen mit anderen Passstraßen ist der Glockner – obwohl im August 2010 75 Jahre alt geworden – eine »junge« Alpenroute. Wunderbar passen sich Kurven und die insgesamt 27 Kehren an die Landschaft an. Niemals heimtückisch, sondern wirklich flüssig zu fahren. Wie etwa die lange Kehre um den berühmten Hexenzahn, einem markanten, schräg stehenden Felsen.

Den Abzweig zur legendären Edelweißspitze ignoriert Ulf zunächst, führt uns vorbei am 2428 Meter hoch gelegenen Fuscher

Berauschend: die Krimmler Wasserfälle (links oben). Nichts für Warmduscher: das selbst im Hochsommer eiskalte Wasser der Soča (links unten). Am Vršič-Pass im Schatten des 2366 Meter hohen Mojstrovka-Gipfels (rechts).

Törl. Hinter dem Mittertörltunnel ist Zeit, die Augen über die Hochgebirgslandschaft wandern zu lassen. Und am Straßenrand steht Jörgen, stählern und himmelblau. Fünf dieser uralten, vom Straßenerbauer Franz Wallack selbst konstruierten Rotations-Schneefräsen fressen sich noch alljährlich im Frühling durch die viele Meter mächtige Schnee- und Eisschicht.

Am 311 Meter langen Hochtortunnel erreicht die Großglocknerstraße mit 2504 Metern Höhe ihren Scheitelpunkt. Dahinter kringelt sich das Asphaltband vor der imposanten Kulisse der Schober-Gruppe talwärts. Ein paar Wasserfälle, ein tiefblauer Bergsee, dann klappen wir an der Kaiser-Franz-Josefs-Höhe die Seitenständer aus. Direkt vor uns die Pasterze, mit rund neun Kilometern längster Gletscher Österreichs. Im Hintergrund der 3798 Meter hohe Gipfel des Großglockners.

Im Wiesenhang unterhalb des Parkplatzes tummeln sich Murmeltiere. Die sonst überaus scheuen Alpennager haben sich lange schon an den Rummel hier gewöhnt. Noch lange haben wir uns nicht sattgesehen, trotzdem machen wir uns auf den Weg zur Edelweißspitze. Unterwegs stoppt Ulf beim »Mankeiwirt«, dort gibt's das Murmeltier zum Anfassen. Es turnt auf den Schultern des Wirtes herum und beäugt interessiert die staunenden Gäste. Für den Alpennager gibt es ein paar Nüsse und für uns das Sahnestück der Großglocknerstraße: die Fahrt hinauf zur Edelweißspitze. Die sieben engen

Das Murmeltier zum Anfassen gibt es beim »Mankeiwirt« an der Großglockner Hochalpenstraße (oben links). Die Russische Kapelle am Vršič-Pass im Norden Sloweniens (oben rechts). Abfahrt vom Wurzenpass nach Kranjska Gora im Tal der Save (rechts).

Kehren der Straße und der Kopfsteinpflasterbelag stammen noch aus dem Erbauungsjahr 1935. Oben angekommen, ist der Panoramablick gewaltig, reicht er doch über die stattliche Anzahl von dreißig 3000er-Gipfeln. Ein gemeinsamer Kaffee noch in der Edelweißhütte, dann macht Ulf sich auf den Heimweg. Wir bleiben noch eine Weile, entschließen uns dann nach diesem herrlichen Tag, auch die Nacht im Schatten des Großglockners zu verbringen.

Eine gute Idee. Ein herrlicher Sonnenaufgang, strahlend blauer Himmel und glasklare Luft machen Lust auf den neuen Tag. Dank der frühen Stunde herrscht kaum Verkehr – die Moppeds fliegen förmlich ins Mölltal hinunter – und weiter.

Am Iselsberg bauen sich die grauen Wände der Lienzer Dolomiten vor uns auf. Sie lassen sich von der Pustertaler Höhenstraße besonders gut betrachten. Überhaupt: Pustertaler Höhenstraße, das bedeutet 30 Kilometer Motorradvergnügen pur. In weiten Teilen eng und schmal, schlängelt sich die Bergstraße an den Hängen des Defereggengebirges entlang. Bannberg, Dörfl, Penzendorf, Assling und St. Justina, Ried, Oberried, Wiesen und Asch heißen die Dörfer und kleinen Weiler in den sattgrünen Bergwiesen. Anras ist eines der letzten an der Höhenstraße aufgereihten Dörfer. Die Türen der alten Pfarrkirche sind einladend weit geöffnet. Ein wenig Beistand von ganz oben zu erbitten könnte hilfreich sein, denn über unseren Köpfen türmen sich tiefschwarze Wolken auf. Zusätzlich kräftig am Gas zu drehen kann aber auch nicht schaden, und so lacht am Kartitscher Sattel schon wieder die Sonne.

Im darunterliegenden Lesachtal lautet die Frage: fahren oder schauen? Wir versuchen es mit einem Kompromiss, geben Gummi und verdrehen uns auf den kurzen Geraden fast die Hälse, so schön ist es hier. Unser Besuch im Friaul fällt ungeplant kurz aus. Ein Bergrutsch am Passo di Lanza lässt uns über den Plöckenpass nach Kötschach-Mauthen zurückkehren, um dort zu übernachten.

Der nächste Tag beginnt in der luftigen Weite des oberen Gailtales, gefolgt von einem heißen Ritt über den Passo di Pramollo, den Nassfeldpass. Weiter Richtung Weißensee folgen Gitschtal und Kreuzbergsattel, dem gerade erst eine ganz neue Trasse verpasst worden ist. Echt wilde Sache! Der Straßenplaner muss Motorradfahrer sein.

Entsprechend flott sind wir auch schon am Weißensee, dem mit 930 Metern Meereshöhe höchstgelegenen Badesee Kärntens – eine Schönheit. Trotzdem zieht es uns schnell weiter, denn in den Nockbergen wartet noch ein strammes Sortiment von 52 Kehren auf uns. Und dann ist da ja noch Gmünd, das verträumte Städtchen im Liesertal, das seine Popularität Ferry Porsche verdankt, der hier von 1944 bis 1950 seine

Sportwagen konstruierte und produzierte. Der Rundgang durchs kleine private Porsche-Museum frisst Zeit. Im Kremsbachtal eilen uns schon lange Schatten auf dem Asphalt voraus. Das Mauthäuschen für die Nockalmstraße in Innerkrems ist bereits unbesetzt. Wobei das Preis-Leistungs-Verhältnis mit acht Euro für eine absolute Traumstraße mit 52 Kehren auf 33 Kilometern durchaus akzeptabel ist.

Die Nockalmstraße schlängelt sich durch den »Nationalpark Nockberge«, eine außergewöhnliche Berglandschaft mit den Nock genannten, rund geschliffenen, bis zu 2400 Meter hohen Erhebungen. Auf der Eisentalhöhe erreicht die Straße mit 2042 Metern ihren höchsten Punkt. Außer uns ist anscheinend niemand mehr unterwegs. Wir sind völlig allein inmitten dieser großartigen Alpenlandschaft, eingetaucht in goldenes Licht der Abendsonne.

Am nächsten Morgen sind wir wieder zeitig unterwegs. Mit tatkräftiger Unterstützung unseres Gastgebers Friedl Kohlweis im TF-Partnerhaus in Treffen nahm am Vorabend die heutige Strecke Gestalt an. Vršič-Pass, Sočatal und Mangartstraße hatte er uns als eine seiner Lieblingstouren dringend ans Herz gelegt.

Hier gibt's das Murmeltier zum Anfassen

Doch zuvor hebt uns der Wurzenpass über den westlichsten Zipfel der Karawanken. In Kranjska Gora, im Tal der Save, das die westlichen Ausläufer der Karawanken von den zentralen Julischen Alpen trennt, baut sich imposant der Triglav vor uns auf. Er ist mit 2864 Metern höchster Berg Sloweniens und eines seiner Nationalsymbole. In seinem Schatten zirkeln wir durch die gepflasterten Kehren der Vršič-Passstraße.

Gleich hinter Kehre Nr. 8 steht die Russische Kapelle, ein kleines, hölzernes Kirchlein. In einem auch ins Deutsche übersetzten Text steht dort zu lesen: »Für den Bergstraßenbau von Kranjska Gora über den Pass Mojstrovka (Vršič) bis zum Trenta-Tal engagierte das österreichische Militärkommando in den Jahren 1915 bis 1916 10.000 russische Kriegsgefangene.« Ein tödliches »Engagement« für 400 dieser Männer, derer in der Kapelle gedacht wird.

Wir hangeln uns durch ein Dutzend weiterer Pflasterkehren, gelangen dann über die Südrampe des Vršič hinab ins Tal der Soča, die hier in ihrem Oberlauf ein Paradies für Naturfreunde, Wildwassersportler, Angler und – Motorradfahrer ist.

Die gepflasterten Kehren sind das Markenzeichen des Vršič-Passes in den Julischen Alpen in Slowenien.

Wenn nötig, lässt sich in den selbst im Hochsommer eiskalten Fluten der Soča auch das heißeste Motorradfahrer-Mütchen noch kühlen, wie Andreas eindrucksvoll beweist.

Gut gekühlt folgen wir oberhalb von Bovec nun dem Lauf der Koritnica, die uns zu einer der schönsten Bergstraßen des gesamten Alpenraumes führt: der Mangartstraße. Wenn das Mauthäuschen mal besetzt sein sollte, müssen dort fünf Euro bezahlt werden. Nicht drüber nachdenken – jeder, aber wirklich jeder Cent lohnt sich.

Rund zwölf Kilometer schlängelt sich die durchgehend nur einspurige Straße mit einer teilweise kühnen und abenteuerlichen Trassenführung, engen Kehren und fünf unbeleuchteten Tunneln bis knapp unterhalb der Lahnscharte, die auf Slowenisch Klanska Škrbina und auf Italienisch Forcella della Lavina heißt und der Denzels »Großer Alpenstraßen-Führer« eine Höhe von 2055 Metern attestiert.

Die Umkehrschleife im oberen Teil führt unter dem 2677 Meter hohen Mangartgipfel entlang. Spätestens jetzt muss man anhalten, absteigen und tief durchatmen. Der Blick von der Lahnscharte über die Türme und Zinnen der Julischen Alpen hinweg ist atemberaubend – und erst recht der Tiefblick. Wer einmal hier oben steht, der will garantiert nie wieder weg.

INFORMATION

Allgemeines: Diese zweite Alpentour führt vom Bodensee quer durch die Ostalpen und mit Deutschland, Österreich, Italien und Slowenien durch vier Länder. Nach der Fahrt durch Bregenzer Wald, Allgäu, Tirol und Osttirol, Pinzgau, Friaul und Kärnten endet die Fahrt in den Julischen Alpen im Norden Sloweniens.
Im Vergleich zu den Westalpen sind die Berge in den Ostalpen niedriger, die Täler sanfter. Auch die Pässe erreichen nicht das Höhenniveau der Westalpen, der Spaßfaktor beim Motorradfahren dagegen schon.

Reisezeit: Die ideale Reisezeit ist von Mitte Mai bis Ende Juni und in den Monaten September und Oktober. Im Juli und August herrscht besonders an der Großglockner Hochalpenstraße reger Verkehr.

Reisedauer und Wegstrecke: Die Streckenlänge beträgt, alle Abstecher inklusive, 1100 km. Fünf bis sechs Reisetage sollten eingeplant werden.

Die Route im Detail: Start am Bodensee. Der erste Abschnitt führt durch den Bregenzer Wald, über Balderschwang und den Riedbergpass nach Obermaiselstein im Allgäu. Rund 60 Kilometer, die am Nachmittag oder frühen Abend des Anreisetages noch gut zu bewältigen sind. Der erste volle Tourtag beginnt mit dem Oberjochpass und führt ins Tannheimer Tal. Vorbei am Haldensee erfolgt der kurze Abstieg über den Gaichtpass ins Lechtal, das ins Namloser Tal überleitet. Dann kommt die Uferstraße des Plansees und an dessen Ende der Ammersattel unter die Räder der Bikes. Weiter führt die Route dann durchs Werdenfelser Land und durch den wildromantischen Isarwinkel. Der fjordähnliche Sylvensteinspeicher, Achenpass, Achensee und Inntal sind die nächsten Stationen der Tour. Das Zillertal wird auf der Zillertaler Höhenstraße in luftiger Höhe durchmessen. Der perfekt ausgebaute Gerlospass führt hinüber ins Pinzgau zu den eindrucksvollen Krimmler Wasserfällen, dem Schlusspunkt des Tages.
Tag zwei gehört einzig und allein der Großglockner Hochalpenstraße mit Edelweißspitze und Kaiser-Franz-Josefs-Höhe. Mit Mölltal und Iselsbergpass startet Tag drei. Erstes Highlight: die kaum bekannte Pustertaler Höhenstraße, die an den Hängen des Defereggengebirges entlangführt. Weiter geht die Fahrt über den Kartitscher Sattel hinüber ins malerische Lesachtal. Nach einem Abstecher durch die Tunnelkehren des Plöckenpasses ins italienische Friaul endet der Tag in Kötschach-Mauthen.
Am Morgen von Tag vier folgen wir dem oberen Gailtal, unternehmen einen Abstecher zum Nassfeldpass und gelangen durch das Gitschtal und über den Kreuzbergsattel zum Weissensee. Im Anschluss führen uns Drau- und Liesertal nach Gmünd und dann das Kremsbachtal nach Innerkrems zum westlichen Ausgangspunkt der mit 52 Kehren auf 33 Kilometern gesegneten Nockalmstraße. Durchs obere Gurktal und über eine einsam gelegene Naturstraße durch die Gemeinde Himmelberg erreichen wir Arriach, den geografischen Mittelpunkt Kärntens. Gut hundert Kurven weiter in Treffen endet dieser Tag. Der fünfte und letzte Tourtag beginnt mit dem Krastaler Sattel. Am Wurzenpass überschreiten wir die Grenze nach Slowenien und gelangen nach Kranjska Gora. Über die gepflasterten Kehren des Vršic-Passes rollen die Bikes hinüber ins Socatal. Oberhalb von Bovec folgen wir dem Lauf der Koritnica, die uns zur Mangartstraße führt, wo die Reise knapp unterhalb der 2055 m hohen Lahnscharte endet.

Übernachten: An und nahe der Tourstrecke liegen 47 motorradfreundliche Übernachtungsmöglichkeiten. Eine entsprechende Übersichtskarte zum Download, die Beschreibung der Häuser und alle Links unter: www.tourenfahrerhotels.de

Maut: Straße Vorderriß, Zillertaler Höhenstraße, Großglockner Höhenstraße, Gerlosstraße, Nockalmstraße, Mangartstraße. Für Großglockner Hochalpenstraße, Gerlos- und Nockalmstraße kann ein Multi-Ticket gelöst werden. Erhältlich ist es im Vorverkauf in den Geschäftsstellen von ADAC und ÖAMTC.

Karten: Michelinkarte National Nr. 730 »Österreich«, Maßstab 1:400.000; Mairdumont-Generalkarten Extra »Österreich« Blatt 2 und 3, Maßstab 1 : 200.000

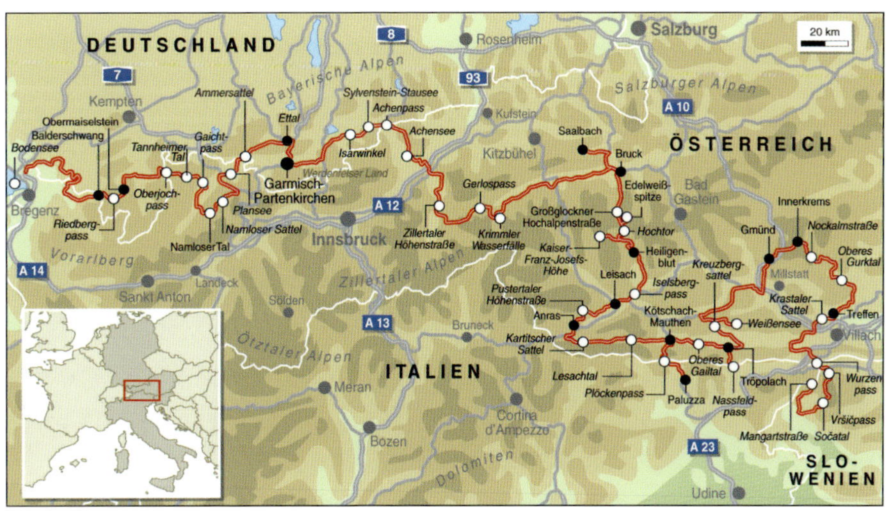

Schräglagenspaß im Schatten
der Lienzer Dolomiten

Anbindung Zusatztour 19

Vom Bodensee aus kommend, schneidet die Zusatztour 19 mehrfach die Transalp-Tour 2. Zunächst verlaufen sie parallel bis Wallgau, treffen sich dann am Sylvensteinsee wieder und trennen sich schließlich endgültig bei Krün.

Von Oberbayern in die Dolomiten

Diese Reise beginnt in den grünen Hügeln des Werdenfelser Landes. Die romantische Jachenau bringt uns zur noch jungen Isar und Tirol entgegen. Nach Seefelder Sattel, Inntal, Kühtai und Ötztal führen uns die Kehren des Timmelsjochs nach Südtirol, dessen Landeshauptstadt Bozen wir auf einem »kleinen« Umweg über Jaufenpass und Penserjoch erreichen.

Bei der Fahrt vom Timmelsjoch ins Südtiroler Passeiertal sollte keine Langeweile aufkommen.

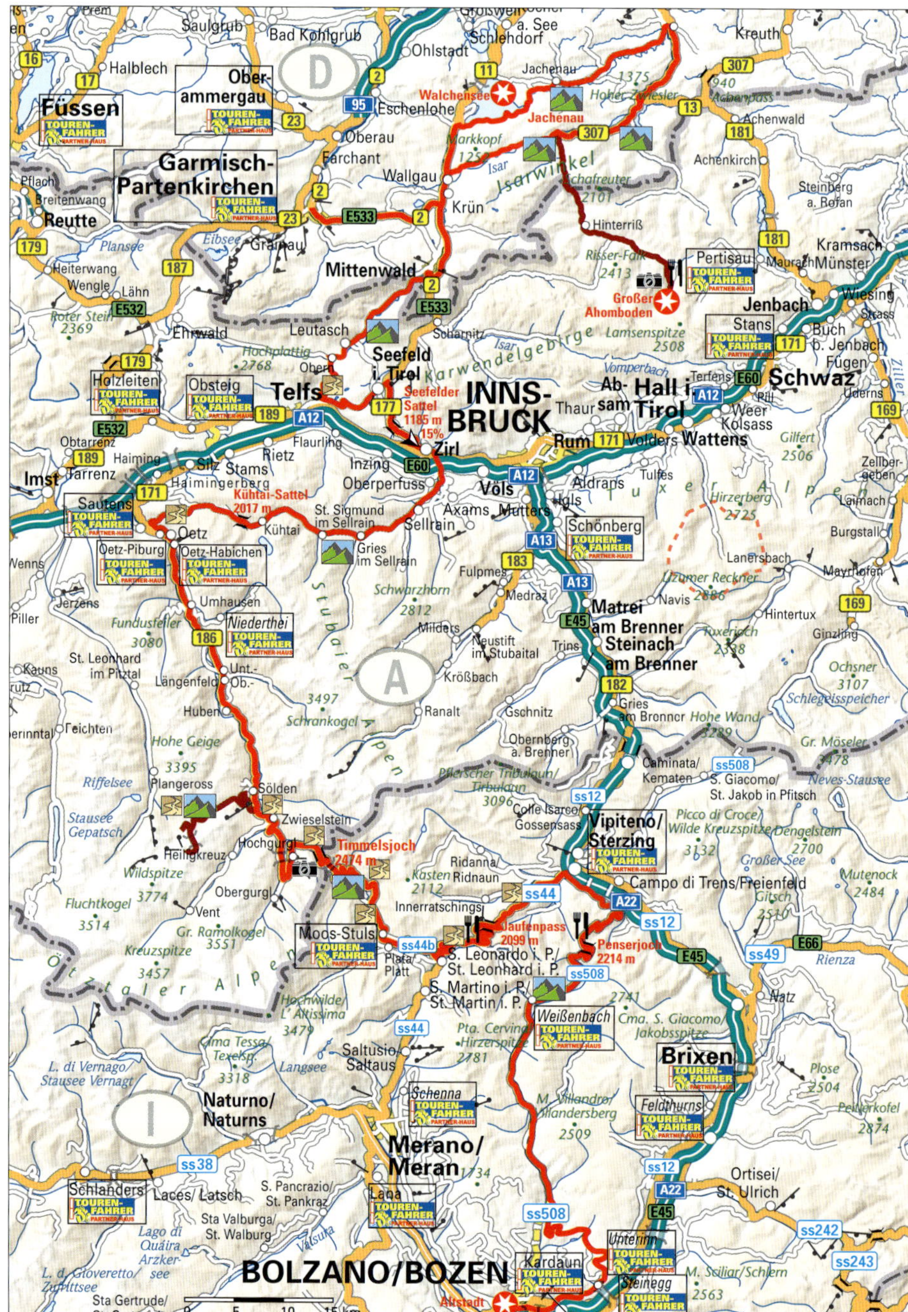

INFORMATION

Land/Region: Deutschland/Oberbayern/Italien/Südtirol
Startort: Garmisch-Partenkirchen
Zielort: Bozen
Streckenlänge: 358 km
Zeitaufwand: Tages-/Zweitagestour (reine Fahrtzeit ca. 8 Stunden)
Pässe und Bergstraßen: Seefelder Sattel (1185 m), Kühtaisattel (2017 m), Ötztaler Gletscherstraße (2830 m), Timmelsjoch (2474 m), Jaufenpass (2099 m), Penserjoch (2214 m)
Wintersperren: Timmelsjoch Oktober bis Juni, Penserjoch November bis Mai, Hinteriß/Eng bis zum Großen Ahornboden von November bis April (je nach Schneelage)
Maut: Timmelsjoch, Ötztaler Gletscherstraße, Straßen Einsiedl/Walchensee – Jachenau, Wallgau – Vorderriß und Hinterriß – Großer Ahornboden
Abstecher: ab Vorderriß ins Rißtal in die Eng bis zum Großen Ahornboden
Ideale Reisezeit: Bedingt durch die Wintersperre am Timmelsjoch ist die Tour nur zwischen Mitte Juni und Mitte Oktober möglich.
Fahrerische Höhepunkte: Ötztaler Gletscherstraße, Timmelsjoch-Südrampe, Jaufenpass
Landschaftliche Höhepunkte: Walchensee, Jachenau, Rißtal, Leutaschtal, Kühtai, Timmelsjoch, Jaufenpass, Pensertal
Motorrad: ohne Einschränkung für jeden Motorradtyp geeignet
Fahrerischer Anspruch: Diese Tour ist auch für wenig geübte Bergfahrer geeignet. Einzig die italienische Seite des Timmelsjochs weist bei schmaler Fahrbahn einige enge Kehren auf.
Übernachtung: Garmisch-P.: Gästehaus Alpenkranz, Tel. 08821/4217,
E-Mail: alpenkranz@web.de
Sautens: Bikergasthof Hotel Post,
Tel. 0043/5252/6237,
E-Mail: info@gasthof-post.at
Oetz-Piburg: Seehüters Hotel Seerose,
Tel. 0043/5252/62200,
E-Mail: hotel@seerose.at
Oetz-Habichen: Hotel Habicher Hof,
Tel. 0043/ 5252/6248,
E-Mail: hotelinfo@habicherhof.at
Niederthai: Hotel Bergidyll Falknerhof,
Tel. 0043/5255/5588,
E-Mail: info@falknerhof.com
Moos im Passeiertal: Hotel Kronhof,
Tel. 0039/0473/649566,
E-Mail: info@kronhof.com
Sterzing: Pension Villa Pattis, Tel. 0039/0472/765757 und /765776, E-Mail: hotel@pattis.it;
Gasthof Thuinerwaldele,
Tel. 0039/0472/765760,
E-Mail: info@thuinerwaldele.it
Freienfeld-Sterzing: Gasthof Burgfrieden,
Tel. 0039/0472/765400,
E-Mail: info@burgfrieden.it
Weißenbach: Hotel Feldrand,
Tel. 0039/0471/ 627101,
E-Mail: info@feldrand.com
Unterinn a. R: Motorrad-Stadl Moarhof,
Tel. 0039/0471/359144,
E-Mail: info@motorradstadl.it
Karte: Motorrad-Atlas »Alpenländer« von Hallwag, Maßstab 1 : 300.000

Auch am Jaufenpass geht's ordentlich rund.

Anbindung Zusatztour 20

Bei Uderns, Zell am Ziller und in Mittersill ist ein Umstieg von der Zusatztour 20 in die Transalp-Tour 2 möglich.

Zillertal, Gerlos und der Wilde Kaiser

Diese Runde durch Tirol ist ein absoluter Klassiker, garniert mit spannenden Abstechern. Gerade eben vorbei an der imposanten Kulisse des Wilden Kaisers schrauben wir uns das Kitzbüheler Horn hinauf. Dem malerischen Pinzgau folgen die eindrucksvollen Krimmler Wasserfälle und der Kehrenschwung über den Gerlospass. Spannend und schön: Schlegeisspeicher und Tuxertal. Und als besonderes Schmankerl zum Schluss: die Zillertaler Höhenstraße.

Die Krimmler Wasserfälle – ein großartiges Naturschauspiel.

INFORMATION

Land/Region: Österreich/Tirol
Tourregion: Tirol/Pinzgau/Zillertal
Start- und Zielort: Wörgl
Anreise: Inntalautobahn A 12, Ausfahrt Wörgl
Streckenlänge: 307 km
Zeitaufwand: Tages-/ Zweitagestour (reine Fahrtzeit ca. 7 Stunden)
Pässe und Bergstraßen: Bergstraße zum Kitzbüheler Horn (1670 m), Pass Thurn (1274 m), Gerlospass (alternativ: alte Gerlos-Bundesstraße (1507 m), Bergstraße zum Schlegeisspeicher (1810 m), Zillertaler Höhenstraße (2040 m)
Wintersperren: Kitzbüheler Horn November bis Juni, Schlegeisspeicher und Zillertaler Höhenstraße November bis Mai
Maut: Kitzbüheler Horn, Gerlos-Passstraße, Schlegeisspeicher, Zillertaler Höhenstraße
Abstecher/Alternativrouten: Hintersteiner See, Kitzbüheler Horn, alte Gerlos-Bundesstraße (steil, schmal, ruppiger Belag. Mautfrei, dafür im Gegensatz zum Gerlospass ohne Blick auf die Krimmler Wasserfälle), Schlegeisspeicher, Tuxertal
Ideale Reisezeit: Mitte Mai bis Mitte Juli, August bis Oktober
Fahrerische Höhepunkte: Bergstraße zum Kitzbüheler Horn, Gerlospass, Zillertaler Höhenstraße
Landschaftliche Höhepunkte: vorbei am Gebirgsmassiv Wilder Kaiser, Kitzbüheler Horn, Krimmler Wasserfälle, Schlegeisspeicher und Tuxertal, Zillertaler Höhenstraße
Motorrad: ohne Einschränkung für jeden Motorradtyp geeignet
Fahrerischer Anspruch: auch für Fahrer mit weniger Bergerfahrung geeignet
Übernachtung: St. Johann: Gasthof Berg-Almhof, Berglehen 21, Tel. 0043/5352/62265;
Kirchdorf: Hotel Alphof, Innsbrucker Str. 23, Tel. 0043/5352/63945;
Fieberbrunn: Landgasthof Knappenstuben, Spielbergstraße 5, Tel. 0043/5354/56367;
Mittersill: Landhotel Heitzmann, Stadtplatz 18, Tel. 0043/6562/6304;
Gerlos: Ferienhof Gerlos, Gerlos 123, Tel. 0043/5284/5229;
Finkenberg: Hotel Persal, Tel. 0043/5285/62114;
Kaprun: Verwöhnhotel Vötter's Sportkristall;
Zell am See: Hotel Badhaus;
Erl: Gasthaus Beim Dresch;
Kössen: Pension Oberbach;
Reit im Winkl: Hotel-Restaurant Theresenhof;
Inzell: Landhotel Binderhäusl;
Törwang: Gasthof-Hotel Zur Post;
Tourismus: Tirol Info, Maria-Theresien-Straße 55, A-6010 Innsbruck, Tel. 0043/512/72720, E-Mail: info@tirol.at, www.tirol.at
Karten: Mairdumont-Generalkarte »Österreich« Pocket Nr. 5, Maßstab 1 : 200.000;
Michelinkarte Nr. 10 730 »Österreich«, Maßstab 1 : 400.000;
Motorrad-Atlas »Alpenländer« von Hallwag, Maßstab 1 : 300.000

Gehört in die Sammlung eines jeden Alpenfahrers: die Zillertaler Höhenstraße

Anbindung Zusatztour 21

In Bruck an der Großglocknerstraße südlich des Zeller Sees ist die Schnittstelle zwischen der Transalp-Tour 2 und der Zusatztour 21.

Aus dem Chiemgau nach Osttirol

Aus den sanften Hügeln des Chiemgaus führt diese Tour vorbei an Walchsee, Wildem Kaiser, Pillersee, durch die Dientener Berge und dann über Österreichs berühmtesten Alpenübergang, die Großglockner Hochalpenstraße, nach Osttirol.

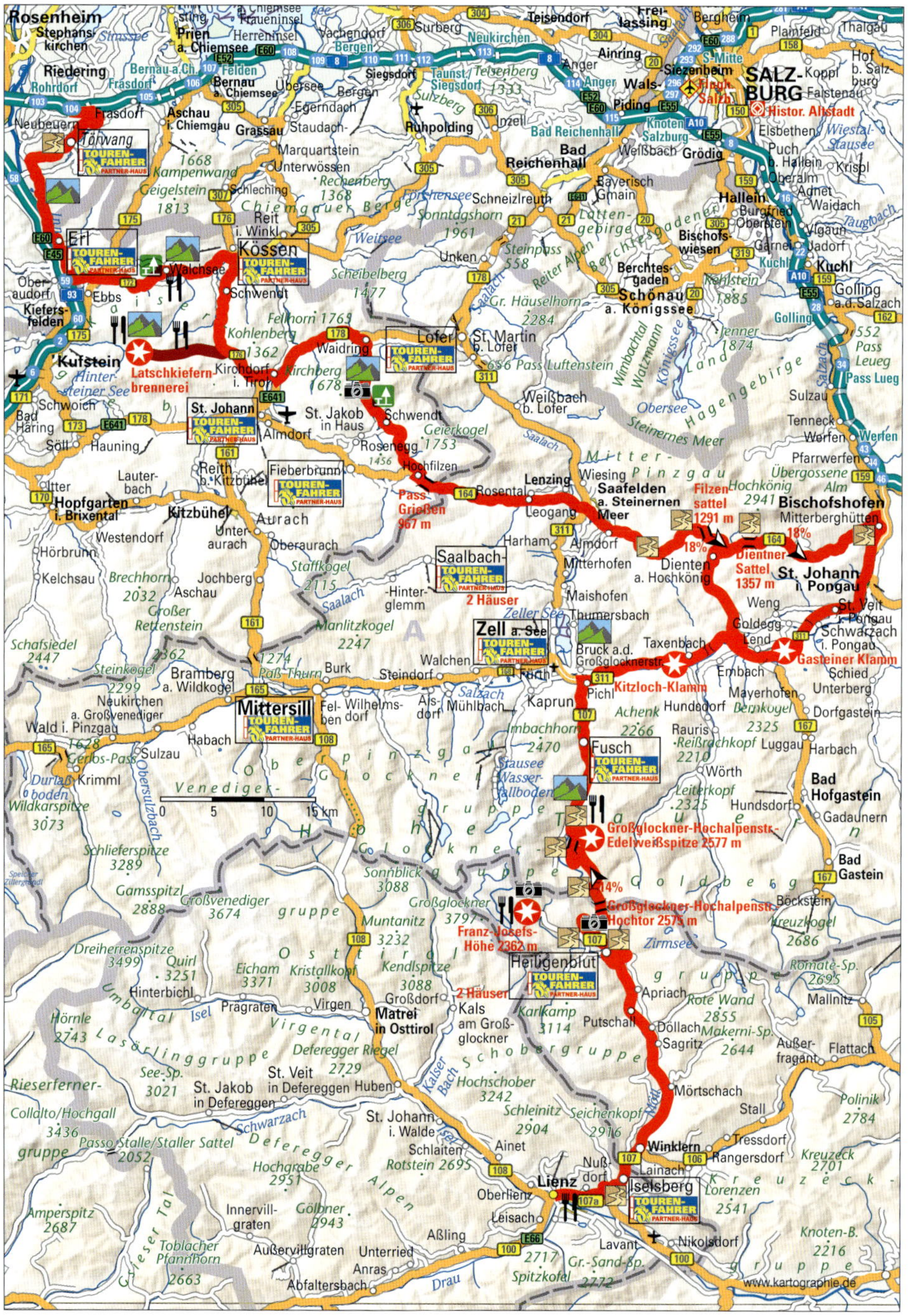

Schön schräg durch Glocknerkehre Nr. 20

INFORMATION

Land/Region: Bayern/Chiemgau bis nach Österreich/Osttirol
Start/Ziel: Südöstlich von Rosenheim/Lienz
Streckenlänge: 280 km
Zeitaufwand: Tagestour (reine Fahrtzeit ca. 5 Stunden)
Anreise: Autobahn A 8 München-Salzburg, Ausfahrt Nr. 104 »Achenmühle«
Pässe und Bergstraßen: Pass Grießen (967 m), Filzensattel (1291 m), Dientner Sattel (1357 m), Großglockner Hochalpenstraße, Edelweißspitze (2577 m), Iselsberg (1204 m)
Wintersperren: Filzen- und Dientner Sattel nur kurzfristige Sperrungen bei akutem Schneefall. Die Großglockner Hochalpenstraße ist von November bis April gesperrt.
Maut: Kaiserbachtalstraße, Großglockner Hochalpenstraße
Abstecher: Mautsträßchen ins Kaiserbachtal mit tollem Blick auf die Felswände des Wilden Kaiser, uriger Gastronomie und einer sehenswerten kleinen Latschenkiefer-Brennerei
Ideale Reisezeit: Mitte Mai bis Mitte Juni und September/Oktober
Fahrerische Höhepunkte: Filzensattel, Dientner Sattel, Mühlbachtal, Großglockner Hochalpenstraße
Landschaftliche Höhepunkte: Samerberg, Walchsee, Kaiserbachtal, Pillersee, Großglockner Hochalpenstraße
Geeignetes Motorrad: ohne Einschränkung für jeden Motorradtyp
Fahrerischer Anspruch: auch für Fahrer mit wenig Bergerfahrung geeignet
Übernachtung: Rohrdorf: Hotel zur Post, Dorfplatz 14, Tel. 08032/1830
Törwang: Gasthof-Hotel Zur Post, Dorfplatz 4, Tel. 08032/8614
Erl: Gasthaus Beim Dresch, Oberweidau 2, Tel. 0043/5373/8129
Kössen: Pension Oberbach, Thurnbichl 52, Tel. 0043/5375/6260
St. Johann in Tirol: Gasthof Berg-Almhof, Berglehen 21, Tel. 0043/5352/62265
Lofer: Landhaus Eva-Marie, Tel. 0043/6588/8232
Fieberbrunn: Landgasthof Knappenstuben, Spielbergstraße 5, Tel. 0043/5354/56367
Saalbach: Landhaus Jausern, Saalbach 497, Tel. 0043/6541/7341 undHotel Sonnegg, Schönleitenweg 552, Tel. 0043/6541/7142
Zell am See: Hotel Badhaus, Loferer Bundesstraße 77, Tel. 0043/6542/728620
Mittersill: Landhotel Heitzmann, Marktplatz 18, Tel. 0043/6562/6304
Fusch: Gasthof Bärenwirt, Glocknerstraße 73, Tel. 0043/6546/254
Heiligenblut: Châlet Hotel Senger, Großglocknerstraße 23, Tel. 0043/4824/2215 und Hotel Glockner Hof, Hof 6, Tel. 0043/4824/2244
Iselsberg: Iselsberger Hof, Tel. 0043/4852/64112
Anras: Landhotel Pfleger, Tel. 0043/4846/6244
Strassen: Landhotel Strasserwirt, Strassen 6, Tel. 0043/4846/6354
Tourismus: www.großglockner.at, www.salzburgerland.com, www.osttirol.com
Karte: Mairdumont-Generalkarte Österreich Pocket Nr. 4, Maßstab 1 : 200.000

Die Großglockner Hochalpenstraße – Kurvenspaß und Alpenpanoramen in einmaliger Kombination

Anbindung Zusatztour 22

Auf die Zusatztour 22 durch Osttirol bietet die Transalp-Tour 2 Abzweigmöglichkeiten bei Lienz und südlich bei Paluzza.

Osttirol mit kleinem Grenzverkehr

Vom westlichsten Zipfel Kärntens geht's ins Dreiländereck von Osttirol, Südtirol und Friaul. Einer der Höhepunkte ist der Staller Sattel, der wegen seiner engen Fahrbahn nur von der 1. bis zur 15. Minute jeder Stunde von Norden (Österreich) nach Süden (Italien) und von der 30. bis 45. Minute umgekehrt befahren werden darf.

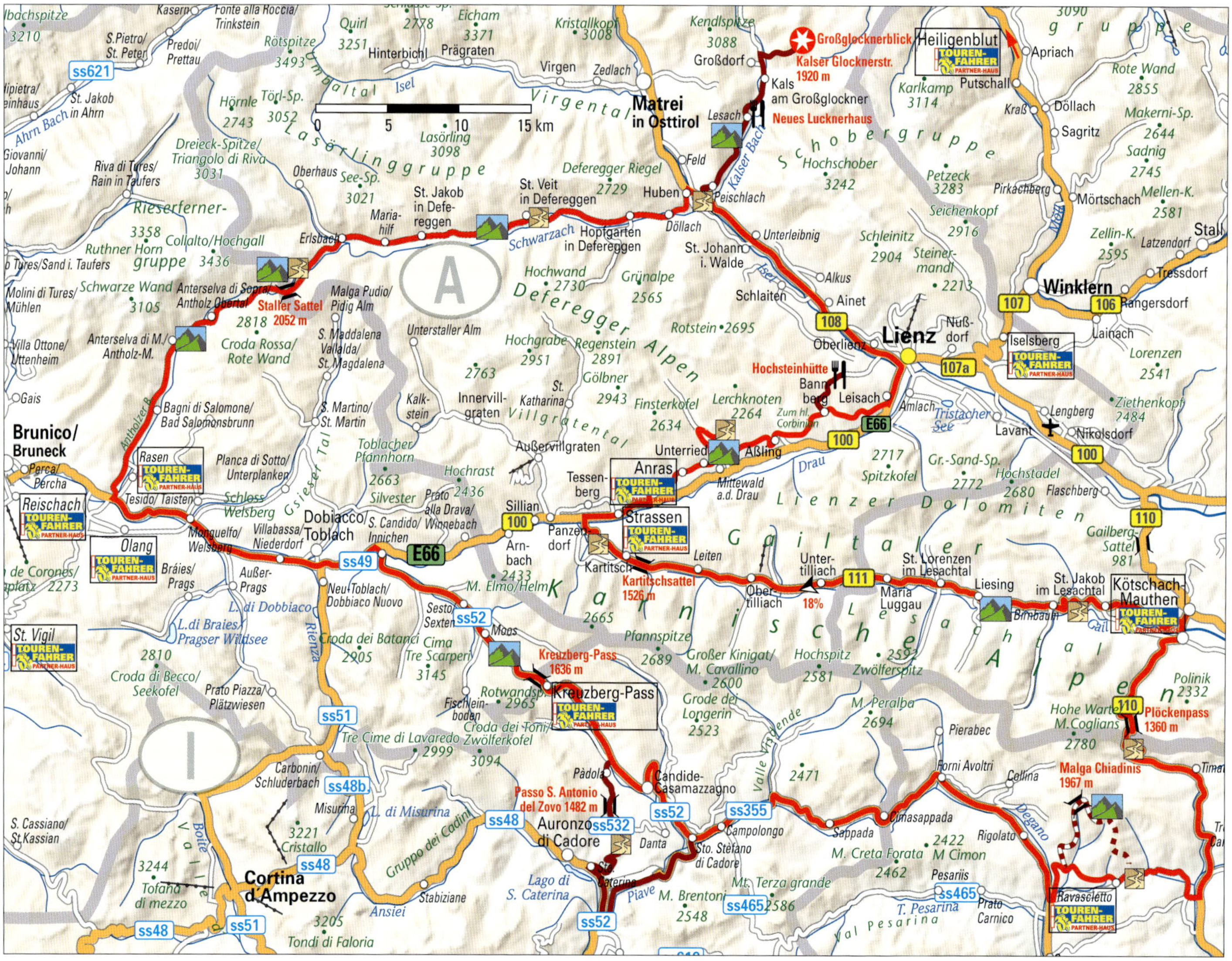

INFORMATION

Land/Region: Österreich/Kärnten
Tourregion: Kärnten/Osttirol/Südtirol/Friaul
Start- und Zielort: Kötschach-Mauthen
Streckenlänge: 311 km (ohne Abstecher)
Zeitaufwand: Tages-/Zweitagestour (reine Fahrtzeit ca. 6 Stunden)
Pässe und Bergstraßen: Plöckenpass (1360 m), Malga Chiadinis (1967 m) auf der Panoramica delle Vette, Passo S. Antonio del Zovo (1482 m), Kreuzbergpass (1636 m), Stallersattel (2052 m), Kalser Glocknerstraße (1920 m), Hochsteinstraße (1900 m), Kartitscher Sattel (1526 m), Pustertaler Höhenstraße
Wintersperren: Kalser Glockner- und Hochsteinstraße Nov. bis April/Mai, Passo S. Antonio del Zovo Dez. bis März, Stallersattel und Panoramica delle Vette Okt. bis Juni
Maut: Hochsteinstraße, Kalser Glocknerstraße
Abstecher/Alternativen: ab dem Ort Bannberg auf der Pustertaler Höhenstraße über die Hochsteinstraße bis knapp unterhalb (10 Min. Fußweg) der Hochsteinhütte. Ab Huben über die Kalser Glocknerstraße zum Parkplatz am Neuen Lucknerhaus (toller Großglocknerblick). Als Alternative zum Val Padola über den Passo S. Antonio del Zovo. Von Tualis nach Ravascletto über die Naturstraße Panoramica delle Vette (bei trockener Witterung auch mit Straßenmotorrad möglich)
Ideale Reisezeit: wegen Wintersperren nur die Monate Juni bis Oktober
Fahrerische Höhepunkte: Lesachtal, Stallersattel, Südrampe des Passo S. Antonio del Zovo, Panoramica delle Vette
Landschaftliche Höhepunkte: Lesachtal, Pustertaler Höhenstraße, Kalser Glocknerstraße, Stallersattel
Motorrad: ohne Einschränkung für jeden Motorradtyp geeignet
Fahrerischer Anspruch: mit Ausnahme der Panoramica delle Vette (Naturstraße) auch für weniger geübte Bergfahrer geeignet
Übernachtung: Kötschach-Mauthen: MoHo Gailtaler Hof, Tel. 0043/4715/318; Gasthof-Fleischerei Engl, Tel. 0043/4715/302; Gasthof Pension Birkenhof, Tel. 0043/4715/7715
Ravascletto: Albergo Bellavista, Tel. 0039/0433/66089
Sexten/Kreuzbergpass: Hotel Kreuzbergpass, Tel. 0039/0474/710328
Olang: Hotel Alp Cron Moarhof, Tel. 0039/0474/496241
St. Vigil in Enneberg: Hotel Almhof Call, Tel. 0039/0474/501043; Hotel Condor, Tel. 0039/0474/501017
Reischach: Hotel Reipertinger Hof, Tel. 0039/0474/548452
Rasen-Antholz: Hotel Koflerhof, Tel. 0039/0474/496245
Iselsberg: Iselsberger Hof, Tel. 0043/4852/64112
Heiligenblut: Chalet Hotel Senger, Tel. 0043/4824/2215; Hotel Glockner Hof, Tel. 0043/4824/2244
Anras: Vital-Landhotel Pfleger, Tel. 0043/4846/6244
Strassen: Landhotel Strasserwirt, Tel. 0043/4846/6354
Karten: Mairdumont-Generalkarte Österreich »Kärnten/Osttirol«, Maßstab 1 : 200.000; Motorrad-Atlas »Alpenländer« von Hallwag, Maßstab 1 : 300.000

Rast am Obersee im Defereggental knapp unterhalb des Stallersattels

24

Auf der Großglockner Hochalpenstraße im Abschnitt Hexenküche. Hexenzahn heißt der markante Felsen in 2116 Meter Höhe.

Anbindung Zusatztour 23

Bei Santa Caterina südlich des gleichnamigen Sees trennen sich die Touren 37 und 17. Nachdem sie einen weiten Bogen nach Süden schlägt, trifft die Zusatztour 23 dann bei Toblach wieder auf die 17.

Dolomiten – ganz im Osten

Auch wenn der Osten der Dolomiten unter Motorradfahrern längst nicht so populär ist wie zum Beispiel die legendäre Sellarunde, so lässt diese Tour über 15 Pässe in Sachen Fahrspaß und landschaftlicher Schönheit keinerlei Wünsche offen. Und dass hier ein paar Wohnmobile und Busse weniger unterwegs sind als an Sella und Co., dürfte wohl niemanden weiter stören.

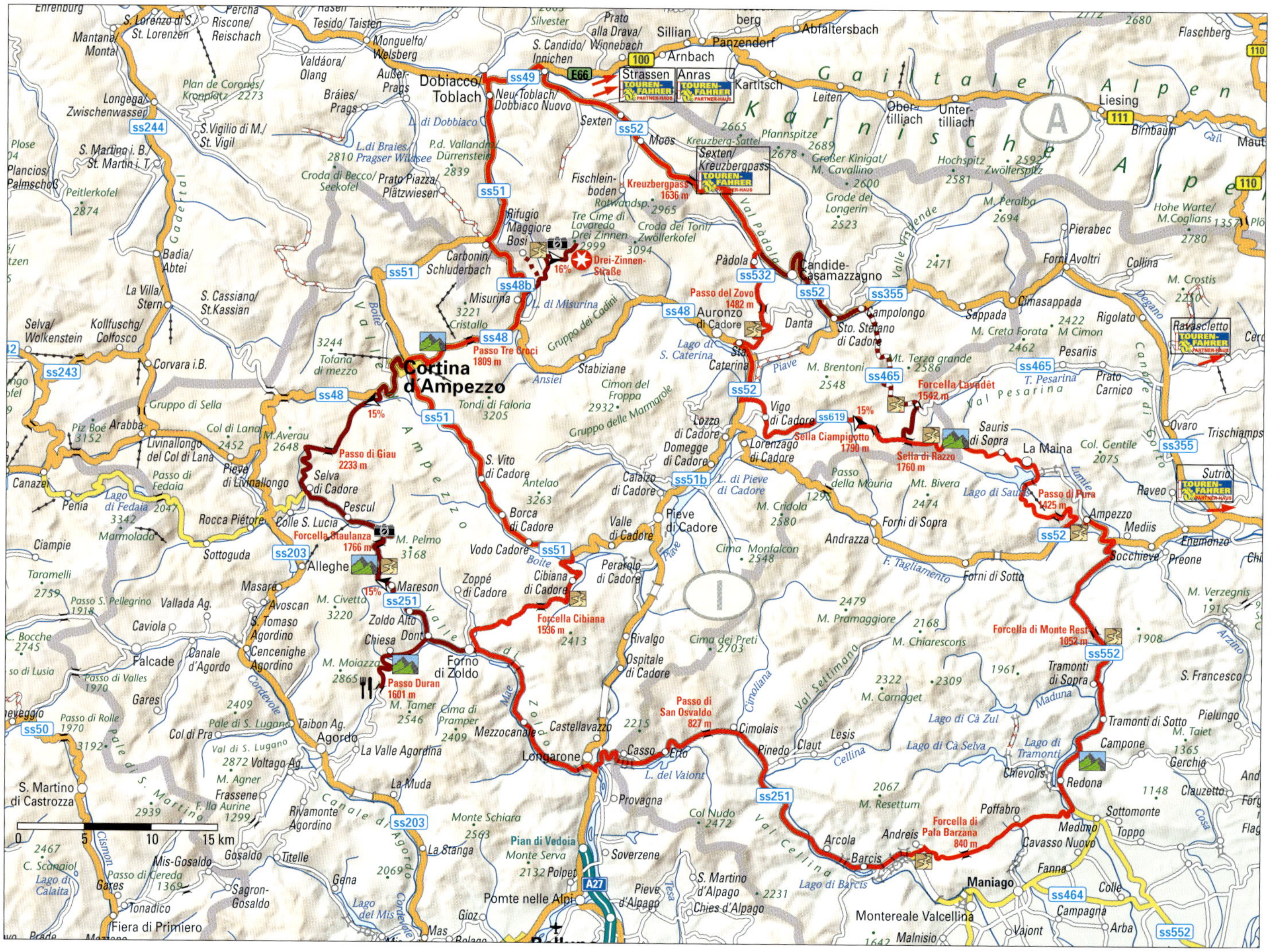

INFORMATION

Land/Region: Italien/Südtirol
Tourregion: Südtirol/Dolomiten/Venetien
Start- und Zielort: Toblach/Dobbiaco
Streckenlänge: 274 km (ohne Abstecher)
Zeitaufwand: Tages-/Zweitagestour (reine Fahrtzeit ca. 7 Stunden)
Pässe und Bergstraßen: Drei-Zinnen-Straße (2320 m), Passo Tre Croci (1809 m), Passo di Giau (2233 m), Forzella Staulanza (1766 m), Passo Duran (1601 m), Forcella Cibiana (1536 m), Passo di San Osvaldo (827 m), Forcella di Pala Barzana (840 m), Forcella di Monte Rest (1052 m), Passo di Pura (1425 m), Sella di Razzo (1760 m), Sella Ciampigotto (1790 m), Forcella Lavardêt (1542 m), Passo del Zovo (1482 m), Kreuzbergpass (1636 m)
Wintersperren: Drei-Zinnen-Straße und Straße zum Rifugio Maggiore Bosi von Nov. bis Mai, Passo di Giau und Passo Duran von Dez. bis April, Forcella di Monte Rest und Passo di Pura von Nov. bis April, Passo del Zovo von Dez. bis März
Maut: Drei-Zinnen-Straße
Abstecher/Alternativen: Drei-Zinnen-Straße. Bei schönem Bergwetter lohnt sich die Maut allein des tollen Ausblicks wegen. Gleich hinter dem Rifugio Auronzo gibt es Motorradparkplätze. Nur für Enduros und leichte Straßenmaschinen geeignet ist der Abstecher zum Rifugio Maggiore Bosi, der gleich am Abzweig zur Drei-Zinnen-Straße beginnt. Auch wenn Passo di Giau und Forcella Staulanza schon Bestandteil der Alpentouren 11 bzw. 16 waren, so sind sie auch für diese Tour sehr zu empfehlen. Ob Forcella Lavardêt befahren werden kann, lässt sich zurzeit immer nur direkt vor Ort klären (zeitweise Vollsperrung wegen Bauarbeiten, grundsätzlich Befahren auf eigene Gefahr). Nur für erfahrene Enduristen empfehlenswert.
Ideale Reisezeit: Ende Mai bis Mitte November (italienische Ferienzeit ausklammern)
Fahrerische Höhepunkte: Forzella Staulanza, Forcella Cibiana, Forcella di Pala Barzana, Forcella di Monte Rest, Passo di Pura, Sella di Razzo, Forcella Lavardêt, Passo del Zovo
Landschaftliche Höhepunkte: Wunderschön ist der Drei-Zinnen-Blick am Ende der Drei-Zinnen-Straße. Im Übrigen führt die gesamte Tour durch eine beeindruckende Alpenlandschaft.
Motorrad: Bis auf den Abstecher zum Rifugio Maggiore Bosi und die Forcella Lavardêt ist diese Tour mit jedem Motorradtyp zu meistern, jedoch dürfte der Spaßfaktor beim leichten Motorrad deutlich höher liegen als beim schweren Tourendampfer.
Fahrerischer Anspruch: nur für Fahrer mit Bergerfahrung geeignet
Übernachtung: Sexten: Hotel KreuzBerg-Pass, Tel. 0039/0474/710328;
Anras: Vital-Landhotel Pfleger, Tel. 0043/4846/6244;
Racascletto: Albergo Bellavista, Tel. 0039/0433/66089;
Sondrio: Albergo Diffuso »Borgo Soandri«, Via Roma 56, Tel. 0039/0433/778921
Karten: Mairdumont-Generalkarte Italien »Südtirol/Trentino«, Maßstab 1 : 200.000; Michelinkarte Nr. 11 562 »Trentino/Südtirol/ Venedig«, Maßstab 1 : 400.000; Motorrad-Atlas »Alpenländer« von Hallwag, Maßstab 1 : 300.000

Panoramablick von der Drei-Zinnen-Straße

Anbindung Zusatztour 24

In die Zusatztour 24 steigt man am besten von der Zusatztour 23 aus kommend westlich von Cortina d'Ampezzo ein.

Mittendrin im Pässekarussell

Für all jene, die sich schon lange einmal schwindelig fahren wollten, ist diese Traumrunde durch die Zentraldolomiten genau das Richtige. Nach dem Start in Corvara kurzes Warm-up auf dem eher »braven« Passo di Campolongo und dann gleich die 58 Kehren des Passo Pordoi. Es folgen Sella- und Grödner Joch, dann ist die Sella-Runde komplett. Nach der anschließenden großen Schleife nimmt man den Pordoi gleich noch mal in Gegenrichtung.

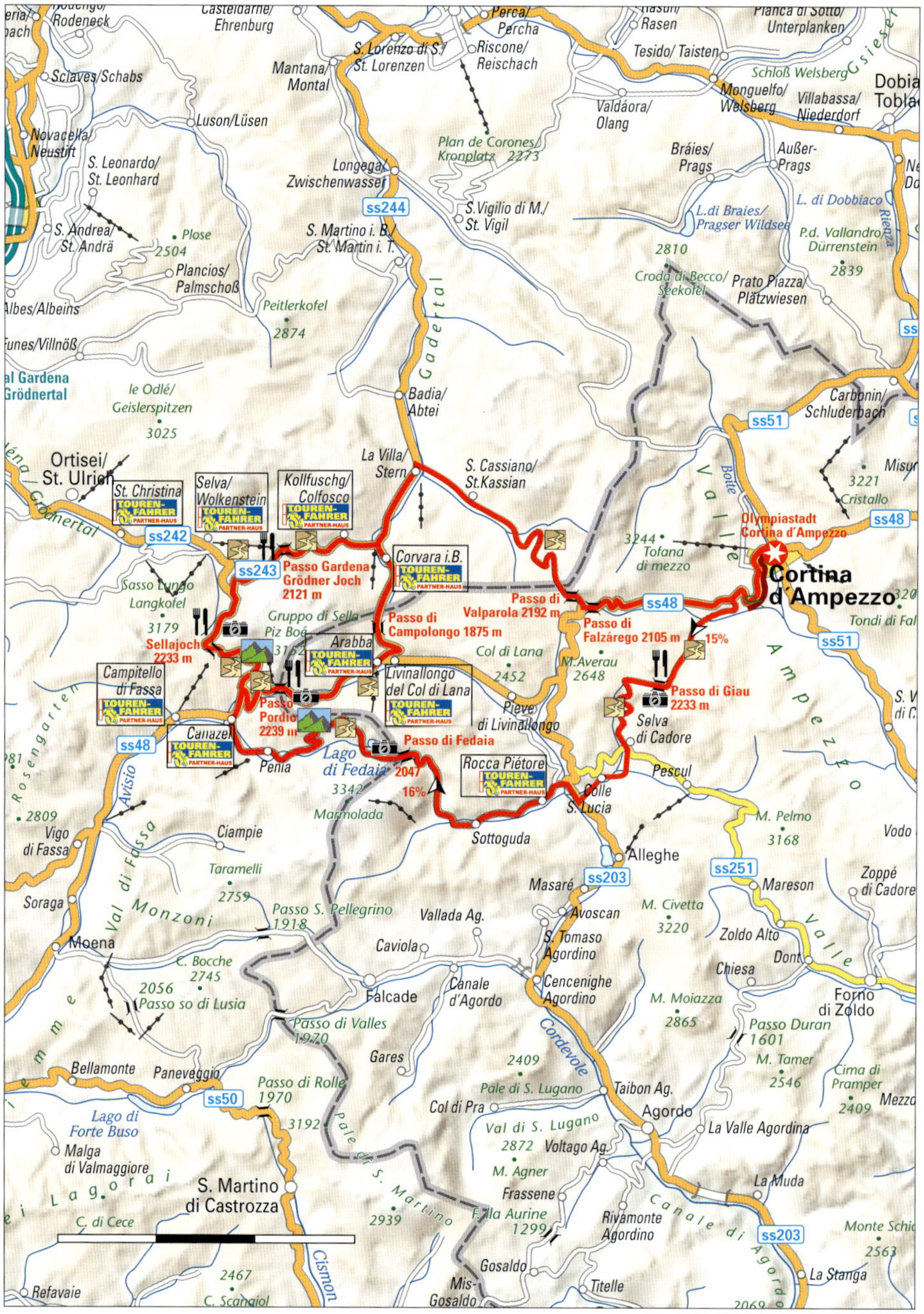

Am Sellajoch unter steilem Dolomitgestein

INFORMATION

Land/Region: Italien/Südtirol
Start- und Zielort: Corvara
Anreise: Von Norden kommend: Innsbruck, Brennerautobahn bis Franzensfeste (A 13/A 22), Pustertal bis kurz vor Bruneck (S 49), dann S 244 durchs Gadertal aufwärts.
Streckenlänge: 183 km
Zeitaufwand: Tagestour (reine Fahrtzeit ca. 6 Stunden)
Pässe und Bergstraßen: Grödner Joch (2121 m), Sellajoch (2233 m), Passo Pordoi (2239 m), Passo di Campolongo (1875 m), Passo di Valparola (2129 m), Passo di Falzárego (2125 m), Passo di Giau (2233 m), Passo di Fedaia (2047 m)
Wintersperren: Für Passo di Giau und Passo di Fedaia gilt eine grundsätzliche Wintersperre von Oktober bis April. Die übrigen Dolomitenpässe werden als Zubringer zu Wintersportdestinationen ganzjährig für den Verkehr offen gehalten.
Maut: ausschließlich mautfreie Strecken.
Ideale Reisezeit: Später Frühling bis Frühsommer und Herbst. Achtung: Während der Ferienzeit in Italien (August) höhere Übernachtungspreise und viel Verkehr auf den Pässen.
Fahrerische Höhepunkte: Diese Runde ist voll davon. Absoluter Kracher aber ist der Passo Pordoi, gefolgt vom Passo di Giau.
Landschaftliche Höhepunkte: Bei dieser Tour vergeht kaum ein Kilometer ohne tolle Ausblicke. Die imposantesten Felskulissen bieten Sellajoch, Passo di Fedaia und Passo Pordoi.
Motorrad: ohne Einschränkung für jeden Motorradtyp geeignet.
Fahrerischer Anspruch: Allein der Vielzahl der zu fahrenden Kehren wegen – so hat z. B. Passo Pordio 58 Kehren auf 22 km Strecke – sind eine gewisse Bergerfahrung und fahrerische Kondition gefordert.
Übernachtung: Corvara: Hotel Arkadia, Str. Burje 11, Tel. 0039/0471/836043;
Pension La Fontana, Str. Col Alt 104, Tel. 0039/0471/836000;
Posta Zirm Hotel, Col Alt 95, Tel. 0039/0471/836175
Colfosco: Garni Reutlingen, Str. Col Pradat 8, Tel. 0039/0471/836094;
Hotel Kolfuschger Hof, Rönnstraße 7, Tel. 0039/0471/836188
Wolkenstein: Hotel Florian, Ruaciastr. 25, Tel. 0039/0471/792040
St. Christina: Alpenhotel Plaza, Streda Cisles 5, Tel. 0039/0471/793463
Campitello di Fassa: Hotel Gran Paradis, Dolomitenstraße 2, Tel. 0039/0462/750135
Canazei: Sporthotel Bellavista, Strèda de Pordoi 12, Tel. 0039/0462/601165
Hotel Olympia, Tel. 0039/0436/79135
Livinallongo del Col di Lana: Hotel Cesa Padon, Loc. Pieve, 62, Tel. 0039/0436/7109
Tourismus: Südtirol Information, Pfarrplatz 11, I-39100 Bozen, Tel. 0039/0471/999999, E-Mail: info@suedtirol.info, www.suedtirol.info
Karten: Mairdumont-Generalkarte Pocket »Südtirol/Dolomiten/Trentino«, Maßstab 1 : 200.000;
Michelinkarte Nr. 11 562 »Trentino – Südtirol – Venedig«, Maßstab 1 : 400.000

Am Grödnerjoch, einer von vier Pässen auf der legendären Sellarunde

Anbindung Zusatztour 25

In die Zusatztour 25 kann man von der Zusatztour 19 aus kommend in Bozen einsteigen. Bei Olang bietet sich ein Wechsel in die Zusatztour 22 an. Westlich des Sella-Massivs biegt man in die Corvara-Runde und damit in die Zusatztour 24 ein.

Dolomiten – die große Runde

Eine Motorradtour inmitten der grandiosen Kulisse der Dolomiten wird immer ein faszinierendes Erlebnis sein. Wer einmal unter einem strahlend blauen Himmel, zwischen von Weiß bis Grüngrau leuchtenden schroffen Felswänden von Kehre zu Kehre geeilt ist, der wird schnell süchtig danach. Leider ergeht es auch vielen Wohnmobil- und Bustouristen genauso.

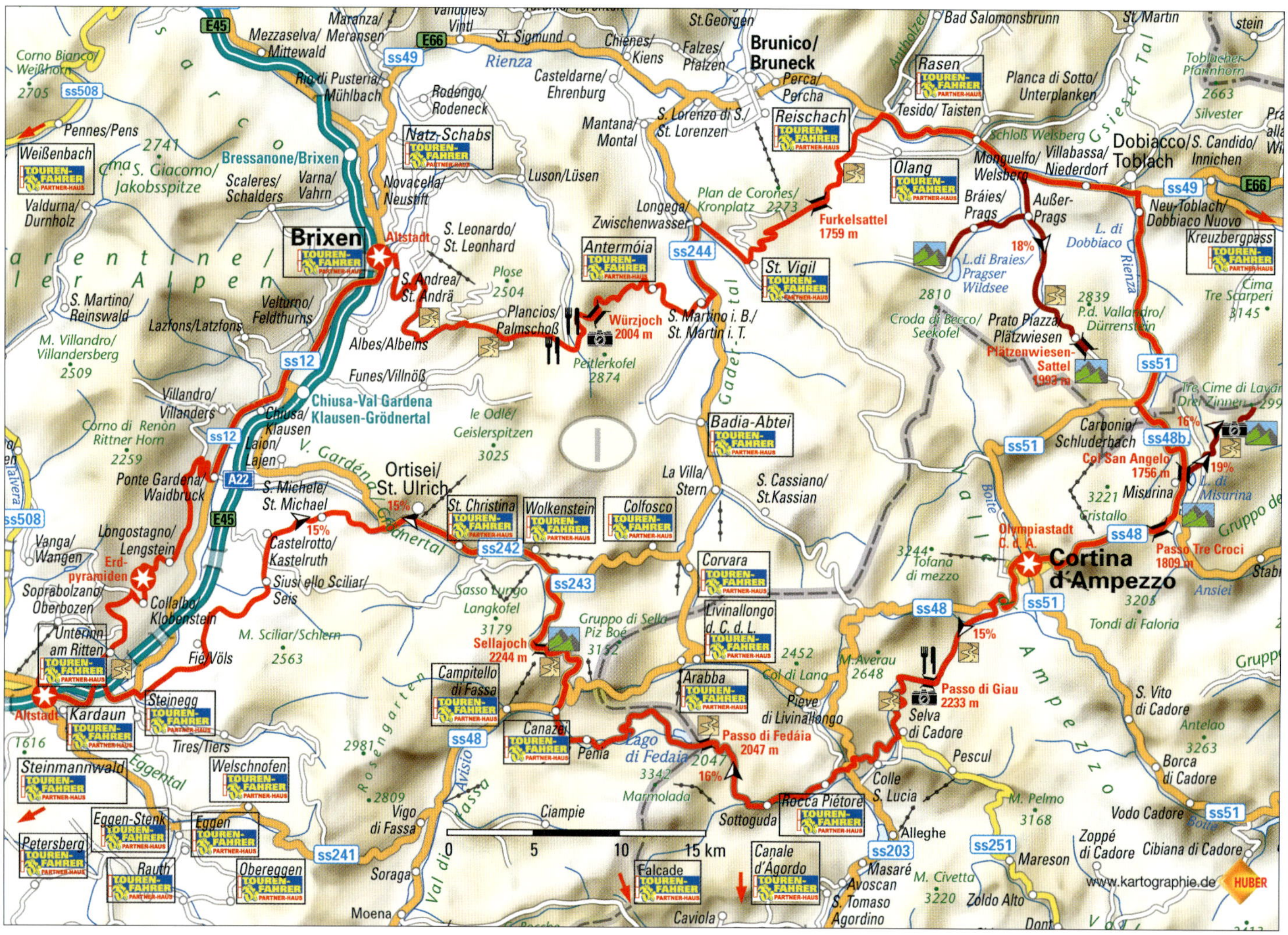

INFORMATION

Land/Region: Italien/Südtirol/Dolomiten
Start- und Zielort: Bozen
Streckenlänge: 290 km
Zeitaufwand: Tagestour (reine Fahrtzeit ca. 6,5 Stunden)
Pässe und Bergstraßen: Sellajoch (2244 m), Passo di Fedáia (2047 m), Passo di Giau (2233 m), Passo tre Croci (1809 m), Col. San Angelo (1756 m), Drei-Zinnen-Straße (2320 m), Plätzwiesensattel (1993 m), Furkelsattel (1759 m), Würzjoch (2004 m)
Wintersperren: Für Passo di Fedáia und Passo di Giau gilt üblicherweise eine Wintersperre von Oktober bis April. Die Drei-Zinnen-Straße und das Würzjoch sind in der Regel sogar erst wieder ab Ende Mai befahrbar. Für die übrigen Pässe gibt es bedarfsweise Sperrungen, abhängig von der Wetterlage.
Maut: Drei-Zinnen-Straße
Abstecher: Drei-Zinnen-Straße (Maut), Plätzwiesensattel und Pragser Wildsee
Ideale Reisezeit: Die beste Reisezeit ist der späte Frühling bis zum Herbst. Den Monat August sollte man wegen des hohen Verkehrsaufkommens während der italienischen Ferien jedoch unbedingt ausklammern.
Fahrerische Höhepunkte: Sellajoch und Passo di Giau liegen hier vorn, gefolgt vom Würzjoch, das trotz geringer Fahrbahnbreite viel Fahrspaß bietet.
Landschaftliche Höhepunkte: Sellajoch, Passo di Giau, Scheitelbereich am Würzjoch, Drei-Zinnen-Straße und Pragser Wildsee
Motorrad: ohne Einschränkung für jeden Motorradtyp geeignet
Fahrerischer Anspruch: Ein Mindestmaß an Bergerfahrung sollte schon sein. Die kehren- und kurvenreiche Strecke erfordert zudem eine gute fahrerische Kondition.
Übernachtung: Kardaun/Karneid: Hotel Gasthof Der Eggentaler, Eggentaler Straße 47, Tel. 0039/0471/365294
St. Christina: Alpenhotel Plaza, Streda Cisles 5, Tel. 0039/0471/793463
Wolkenstein: Hotel Florian, Ruaciastr. 25, Tel. 0039/0471/792040
Canazei: Sporthotel Bellavista, Strèda de Pordoi 12, Tel. 0039/0462/601165
Rocca Pietore-Pian: Hotel Marianna, Via Pian, 28, Tel. 0039/0437/722283
St. Vigil in Enneberg: Hotel Almhof Call, Plazores-Straße 8, Tel. 0039/0474/501043 und Hotel Condor, Str. Plan de Corones 13, Tel. 0039/0474/501017
Antermoia: Hotel Pütia, Tel. 0039/0474/520114
Brixen: Hotel Temlhof, Hans Thaler, Elvaser Straße 76, Tel. 0039/0472/835633 und Vital-Hotel Goldene Krone, Stadelgasse 4, Tel. 0039/0472/835154
Unterinn am Ritten: Motorrad-Stadl Moarhof, Mustergasse 59, Tel. 0039/0471/359144, mobil 0039/348/6621817
Tourismus: Südtirol Information, Pfarrplatz 11, I-39100 Bozen, Tel. 0039/0471/999999, E-Mail: info@suedtirol.info, ww.suedtirol.info
Karten: Mairdumont-Generalkarte Pocket »Südtirol/Dolomiten/Trentino«, Maßstab 1 : 200.000; Michelinkarte Nr. 11 562 »Trentino – Südtirol – Venedig«, Maßstab 1 : 400.000

Traumhaftes Bergpanorama am Sellajoch

Anbindung Zusatztour 26

In Kötschach-Mauthen kann man von der Transalp-Tour 2 ebenso wie von der Zusatztour 22 in die Zusatztour 26 umsteigen. Gleiches gilt bei Paluzza, denn dazwischen teilen sich die drei Touren einen gemeinsamen Streckenverlauf. Weitere Schnittpunkte mit der Transalp-Tour 2 gibt es bei Hermagor, in Spittal an der Drau, zwischen Affritz am See und Treffen am Ossiacher See. Final trennt man sich wieder südlich von Nötsch im Gailtal.

Karnische und Gailtaler Alpen

Kärnten und der italienische Nachbar Friaul – eine Motorradregion für Kenner und Genießer. Gut ausgebaute Passstraßen für die flotte Fahrt, kleine Straßen zum Motorradwandern, malerische Almen und traumhafte Badeseen – hier ist alles im Angebot.

INFORMATION

Land/Region: Österreich/Kärnten/Gailtal
Start- und Zielort: Hermagor
Streckenlänge: 343 km (ohne Abstecher)
Zeitaufwand: Tages-/Zweitagestour (reine Fahrtzeit ohne Abstecher ca. 8 Stunden)
Pässe und Bergstraßen: Nassfeldpass (1530 m), Passo del Cason di Lanza (1567 m), Sella di Cereschiàtis (1066 m), Forcella di Liûs (1113 m), Plöckenpass (1360 m), Gailbergsattel (982 m), Kreuzbergsattel (1077 m), Windische Höhe (1110 m), Goldeck-Panoramastraße (1900 m), Bergstraßen zur Rattendorfer Alm (1535 m), Rudnikalm (1622 m), Eggeralm (1422 m), Dellacher Alm (1350 m) und Poludnikalm (1708 m)
Wintersperren: Nassfeldpass (italienische Seite) November bis Februar; Rattendorfer Alm, Rudnikalm, Eggeralm, Dellacher Alm und Poludnikalm November bis Mai; Passo del Cason di Lanza November bis Mai
Maut: Goldeck-Panoramastraße, geöffnet zwischen dem 4. Mai und 19. Oktober jeweils von 8.30 bis 17 Uhr
Abstecher/Alternativen: Weißensee, der höchstgelegene der großen Kärntner Badeseen, Goldeck-Panoramastraße und die Bergstraßen zur Rattendorfer Alm, Rudnikalm, Eggeralm, Dellacher Alm und Poludnikalm. Von Döbriach, nahe dem Millstätter See, nach Gschriet. Dort toller Seeblick von der Terrasse des dortigen TF-Partnerhauses. Anspruchsvolle Alternativroute über den Passo del Cason di Lanza.
Ideale Reisezeit: Mai bis Oktober
Fahrerische Höhepunkte: Nassfeldpass, Passo del Cason di Lanza, Sella di Cereschiàtis, Forcella di Liûs, Plöckenpass, Goldeck-Panoramastraße, Kreuzbergsattel, Windische Höhe
Landschaftliche Höhepunkte: gibt's eigentlich vom ersten bis zum letzten Kilometer.
Ganz besonders schön: Weißensee, Millstätter See, Egger-, Poludnik- und Dellacher Alm, Goldeck-Panoramastraße
Motorrad: Die Standardroute ist für jeden Motorradtyp geeignet. Für die Abstecher zu den Almen und die Alternativroute über den Passo del Cason di Lanza sollte es eine Enduro oder aber eine leichte Straßenmaschine sein.
Fahrerischer Anspruch: Die Standardroute ist durchaus für weniger geübte Bergfahrer geeignet. Die Abstecher zu den Almen und die Alternativroute über den Passo del Cason di Lanza sind nur geübten Bergfahrern zu empfehlen.
Übernachtung: Hermagor: Panoramahotel Hauserhof, Tel. 0043/4282/2286;
Jenig: Gasthof Zum Straßwirt, Tel. 0043/4285/253;
Tröpolach: Gasthof Winkler, Tel. 0043/664/4948046;
Ravascletto: Albergo Bellavista, Tel. 0039/0433/66089;
Sutrio: Albergo Diffuso »Borgo Soandri«, Tel. 0039/0433/778921;
Kötschach-Mauthen: Gasthof Engl, Tel. 0043/ 4715/302,
Pension Birkenhof, Tel. 0043/4715/ 7715,
MoHo Gailtaler Hof, Tel. 0043/4715/318;
Weißensee: Kraners Alpenhof, Tel. 0043/4713/ 2062,
Hotel Moser, Tel. 0043/4713/22310;
Ferndorf: Alpengasthof Bergfried, Tel. 0043/4246/ 7317;
Afritz: Fischerhof Glinzner, Tel. 0043/4247/ 2133;
Treffen: Friedl's Garage, Tel. 0043/4248/ 2826;
Villach: Romantik-Hotel Post, Tel. 0043/ 4242/261010;
Finkenstein: Finkensteiner Hof, Tel. 0043/4254/2176
Karten: Mairdumont-Generalkarte Österreich »Kärnten/Osttirol«, Maßstab 1 : 200.000;
Motorrad-Atlas »Alpenländer« von Hallwag, Maßstab 1 : 300.000

Ganz typisch für den Plöckenpass sind die Tunnelkehren.

Kurvenzirkeln an der Edelweißspitze im Schatten des Großglockners. In Bildmitte im Hintergrund das 2428 Meter hoch gelegene Fuscher Törl.

Anbindung Zusatztour 27

In die Zusatztour 27 durch Kärnten steigt man bei Treffen am Ossiacher See entweder von der Transalp-Tour 2 oder der Zusatztour 26 kommend ein. Ein weiteres Zusammentreffen der drei Touren gibt es noch einmal bei Reichenau. Einen zusätzlichen Schnittpunkt mit der Transalp-Tour 2 kann man bei Innerkrems ausmachen.

Kärntner Seen und Almen

Kärnten kann mit seiner mehr lieblichen als wilden Berglandschaft keine Rekorde brechen, wenn es um Höhenmeter geht. Dafür punktet es jedoch umso mehr mit kurvigen Straßen durch malerische Täler, über grüne Almen und vorbei an zahlreichen Seen, die zum Bad einladen.

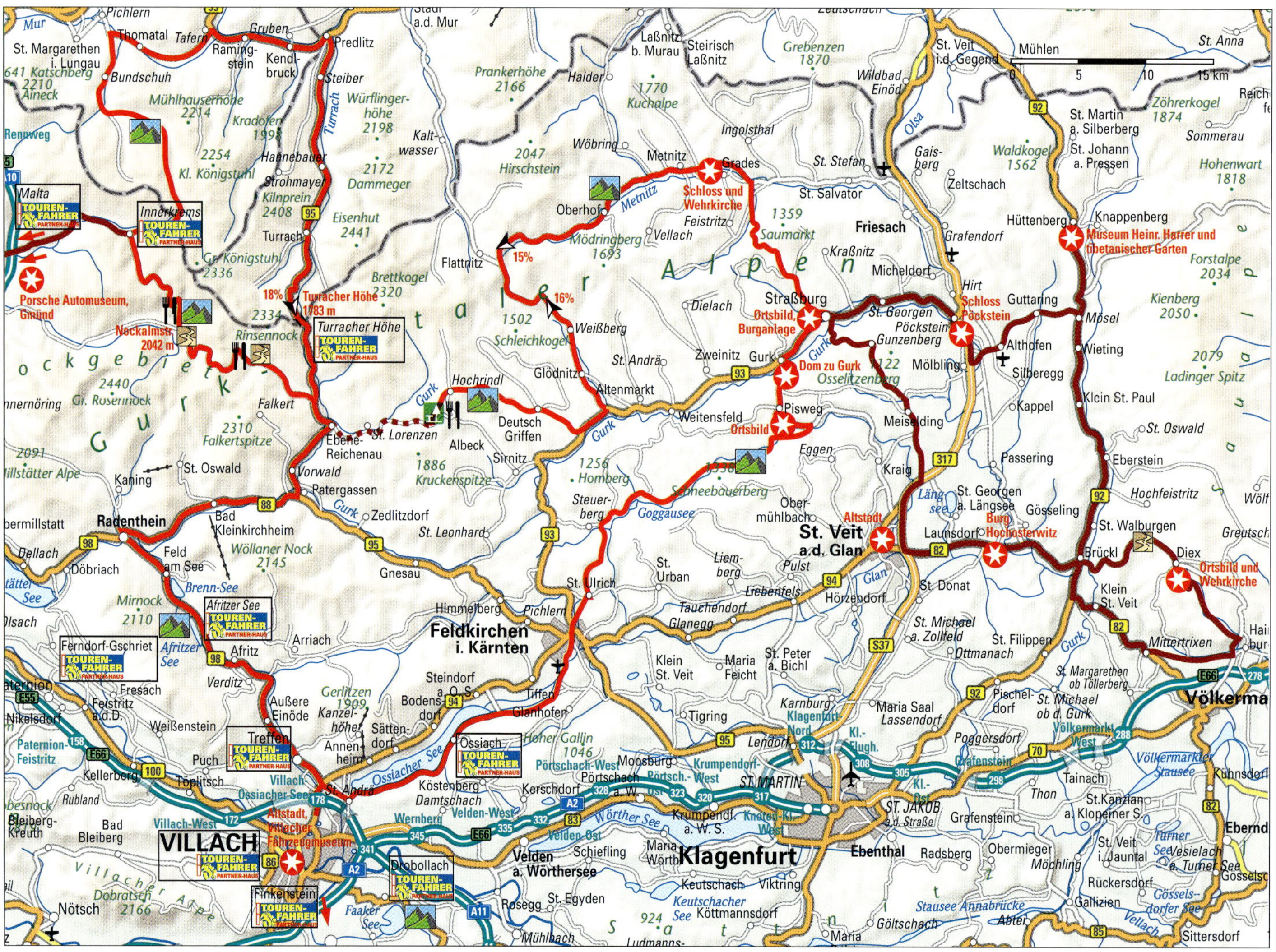

INFORMATION

Land/Region: Österreich/Kärnten
Start- und Zielort: Villach
Streckenlänge: 285 km (ohne Abstecher)
Zeitaufwand: Tages-/Zweitagestour (reine Fahrtzeit ca. 6 Stunden)
Pässe und Bergstraßen: Nockalmstraße (Eisentalhöhe 2042 m), Turracher Höhe (1783 m)
Wintersperren: Als einzige Bergstraße auf dieser Runde unterliegt die Nockalmstraße im Winter einer regelmäßigen Sperre. Sie ist von Mitte/Ende November bis etwa Anfang Mai geschlossen. Infos über die jeweils aktuelle Lage unter www.nockalmstraße.at und Tel. 0043/662/8736730
Maut: Nockalmstraße
Abstecher/Alternativen: Von Innerkrems nach Gmünd ins private Porschemuseum von Helmut Pfeifhofer, Infos unter www.auto-museum.at und Tel. 0043/4732/2471.
In Straßburg im Gurktal beginnt die zusätzliche Schleife, mit Abstecher nach Hüttenberg zum Museum von Heinrich Harrer, Lehrer, Berater und schließlich Freund des jungen XIV. Dalai Lama (Buchautor von »Sieben Jahre in Tibet«, verfilmt mit Brad Pitt), dann weiter nach Diex mit einer der imposantesten Wehrkirchen Kärntens und vorbei an Burg Hochosterwitz.
Ideale Reisezeit: Da das Klima in der Region um die Kärntner Seen sehr mild ist, eignen sich Frühling und Herbst in idealer Weise für diese Tour. Einschränkungen ergeben sich dabei allerdings durch die Wintersperre der Nockalmstraße.
Fahrerische Höhepunkte: Hier ist zuvorderst die Nockalmstraße zu nennen, die trotz einer durchgehenden Beschränkung auf 70 km/h Fahrspaß pur bietet. Jedoch begeistert die gesamte Runde durchgehend mit wunderbaren Kurvenstrecken.
Landschaftliche Höhepunkte: Auch hier liegt die Nockalm ganz vorn. Bei der Fahrt übers Hochrindl gibt's dann die schönsten Fernblicke.
Motorrad: ohne Einschränkung für jeden Motorradtyp geeignet
Fahrerischer Anspruch: Trotz der teils kleinen, schmalen Straßen ist die Kärnten-Runde auch für wenig geübte Bergfahrer geeignet. Die nicht asphaltierte Straße hinauf aufs Hochrindl ist in der Regel in ordentlichem Zustand und problemlos für jedermann befahrbar.
Übernachtung: Villach: Romantik-Hotel Post, Tel. 0043/4242/261010;
Treffen: Friedl's Garage – Gasthof Kuchler, Tel. 0043/4248/2826;
Innerkrems: Hotel Berghof, Tel. 0043/4736/2850;
Malta: Hotel Malteinerhof, Tel. 0043/4733/206;
Afritz: Fischerhof Glinzner, Tel. 0043/4247/2133;
Ferndorf-Gschriet: Alpengasthof Bergfried, Tel. 0043/4246/7317;
Turracher Höhe: Schlosshotel Seewirt, Tel. 0043/4275/8234;
Finkenstein: Hotel Finkensteiner, Tel. 0043/4254/2176;
Tourismus: Kärnten Werbung, Casinoplatz 1, A-9220 Velden, Tel. 0043/4274/521000, www.kaernten.at; www.motorrad.karten.at
Karten: Mairdumont-Generalkarte Österreich »Kärnten/Osttirol«, Maßstab 1 : 200.000;
Motorrad-Atlas »Alpenländer« von Hallwag, Maßstab 1 : 300.000

In der Abendsonne auf dem Weg nach Diex

Anbindung Zusatztour 28

Zur Zusatztour 28 gelangt man von der Zusatztour 27, die sie quasi nach Norden erweitert. Der Umstieg gelingt am besten zwischen Metnitz und Flattnitz oder bei Predlitz.

Tauernkarussell

Mit dem Land Salzburg, der Steiermark und Kärnten führt diese Tour durch die Tauernregion auch gleich durch drei österreichische Bundesländer. Kleine, verkehrsarme Straßen durchziehen eine sanft modellierte malerische Bergwelt mit beschaulichen Weilern und schmucken Städtchen.

Rast mit Blick über das Seetal

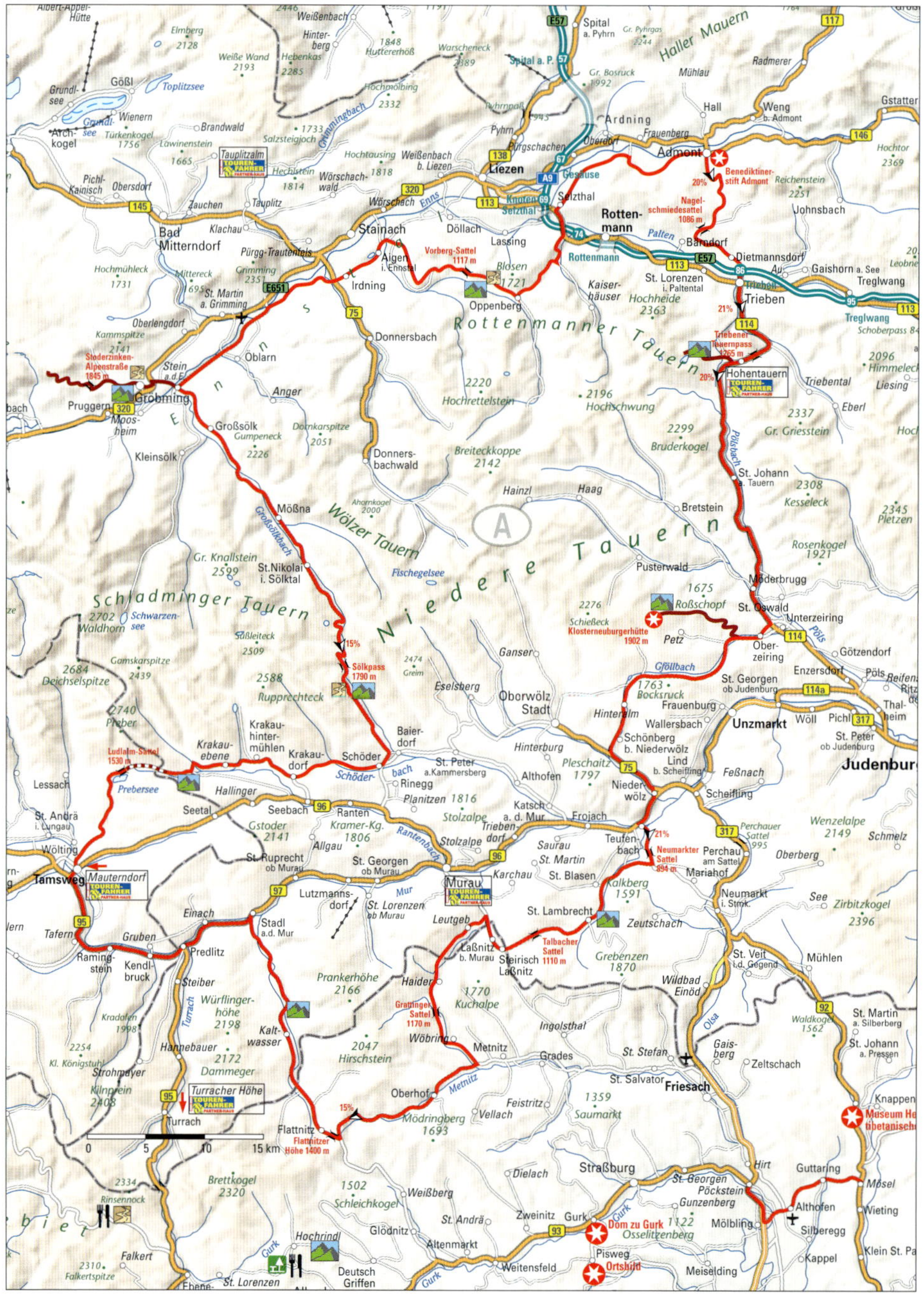

INFORMATION

Land/Region: Österreich/Lungau/ Bundesland Salzburg
Tourregion: Schladminger Tauern, Ennstal, Rottemmanner Tauern, Triebener Tauern, Niedere Tauern, Murtal, Gurktaler Alpen
Start- und Zielort: Tamsweg
Streckenlänge: 287 km
Zeitaufwand: Tages-/Zweitagestour (reine Fahrtzeit ca. 7 Stunden)
Pässe und Bergstraßen: Ludlalm-Sattel (1530 m), Sölkpass (1790 m), Stoderzinken-Alpenstraße (1845 m), Vorberg-Sattel (1117 m), Nagelschmiedesattel (1086 m), Triebener Tauernpass (1265 m), Bergstraße zur Edelrautehütte (1725 m), Bergstraße zur Klosterneuburgerhütte (1902 m), Neumarkter Sattel (894 m), Talbacher Sattel (1110 m), Grattinger Sattel (1170 m), Flattnitzer Höhe (1400 m)
Wintersperren: Sölkpass von November bis Mai, die übrigen Pässe und Bergstraßen werden in der Regel ganzjährig offen gehalten. Die Edelrautehütte ist vom 1. Mai bis zum 27. Oktober bewirtschaftet.
Maut: Straßen zur Edelrauten- und Klosterneuburgerhütte
Abstecher: In Gröbming beginnt die Stoderzinken-Alpenstraße, die landschaftliche Schönheit und Kurvenfreuden gleichermaßen garantiert, und dies seit noch nicht allzu langer Zeit mautfrei. Am Triebener Tauernpass lohnt sich ein Abstecher zur Edelrautehütte und kurz hinter Oberzeiring zur Klosterneuburgerhütte. Hier gibt es zusätzlich zur Einkehr noch einen wunderbaren Ausblick.
Ideale Reisezeit: Mai bis Oktober, bei Hochdruckwetter sogar bis November. Am schönsten präsentiert sich die Region im Herbst. Das Verkehrsaufkommen ist allgemein und zu jeder Zeit als gering zu bezeichnen.
Fahrerische Höhepunkte: Sölkpass, Stoderzinken-Alpenstraße, Vorberg-Sattel, Triebener Tauernpass, Flattnitzer Höhe
Landschaftliche/kulturelle Höhepunkte: Ludlalm-Sattel mit dem malerisch gelegenen Prebersee, Stoderzinken-Alpenstraße mit toller Rundumsicht sowie die Bergstraße zur Edelrautehütte. Benediktinerstift in Admont mit der wunderschönen im Jahre 1776 fertiggestellten Stiftsbibliothek, dem mit 70 m Länge und 14 m Breite weltgrößten klösterlichen Büchersaal
Motorrad: ohne Einschränkung für jeden Motorradtyp geeignet
Fahrerischer Anspruch: auch für Fahrer mit weniger Bergerfahrung geeignet. Die Naturstraßen sollten bei schlechter Witterung allerdings behutsam angegangen werden.
Übernachtung:
Mauterndorf: Hotel-Gasthof Weitgasser, Tel. 0043/6472/7366;
Tauplitzalm: Familienhotel Hierzegger, Tel. 0043/3688/2316;
Hohentauern: Waldgasthof Panorama, Nr. 111, Tel. 0043/3618/217;
Murau: Hotel Alpin Murau, Bahnhofstraße 4, Tel. 0043/3532/447080;
Turrach: Schlosshotel Seewirt, Nr. 33, Tel. 0043/4275/8234
Karten: Mairdumont-Generalkarte Österreich Nr. 2 »Salzburg/Kärnten/Steiermark/ Südl. Burgenland«, Maßstab 1 : 200.000; Motorrad-Atlas »Alpenländer« von Hallwag, Maßstab 1 : 300.000

Aufstieg zum Sölkpass von Norden übers Sölktal

Anbindung Zusatztour 29

Das Salzkammergut und den Dachstein kann man mit der Zusatztour 29 sehr gut von der Zusatztour 28 aus kommend erkunden. Ein geeigneter Punkt zum Wechseln der Touren ist Irdning.

Salzkammergut und Hoher Dachstein

Unsere Tour durchs Salzkammergut beginnt im Lammertal, das uns den Weg zu den grünen Matten der Postalm weist. Ein frisches Glas Milch, dann statten wir in der Folge Wolfgang-, Mond-, Atter- und Traunsee einen Besuch ab. Doch damit der Seen nicht genug: Hallstätter See, Vorderer Gosausee und Grundlsee stehen auch noch auf dem Tourplan. Nach kurvigem Reigen zur Tauplitzalm geht's einmal rund ums Dachsteinmassiv und durch die malerische Ramsau zurück ins Pongau.

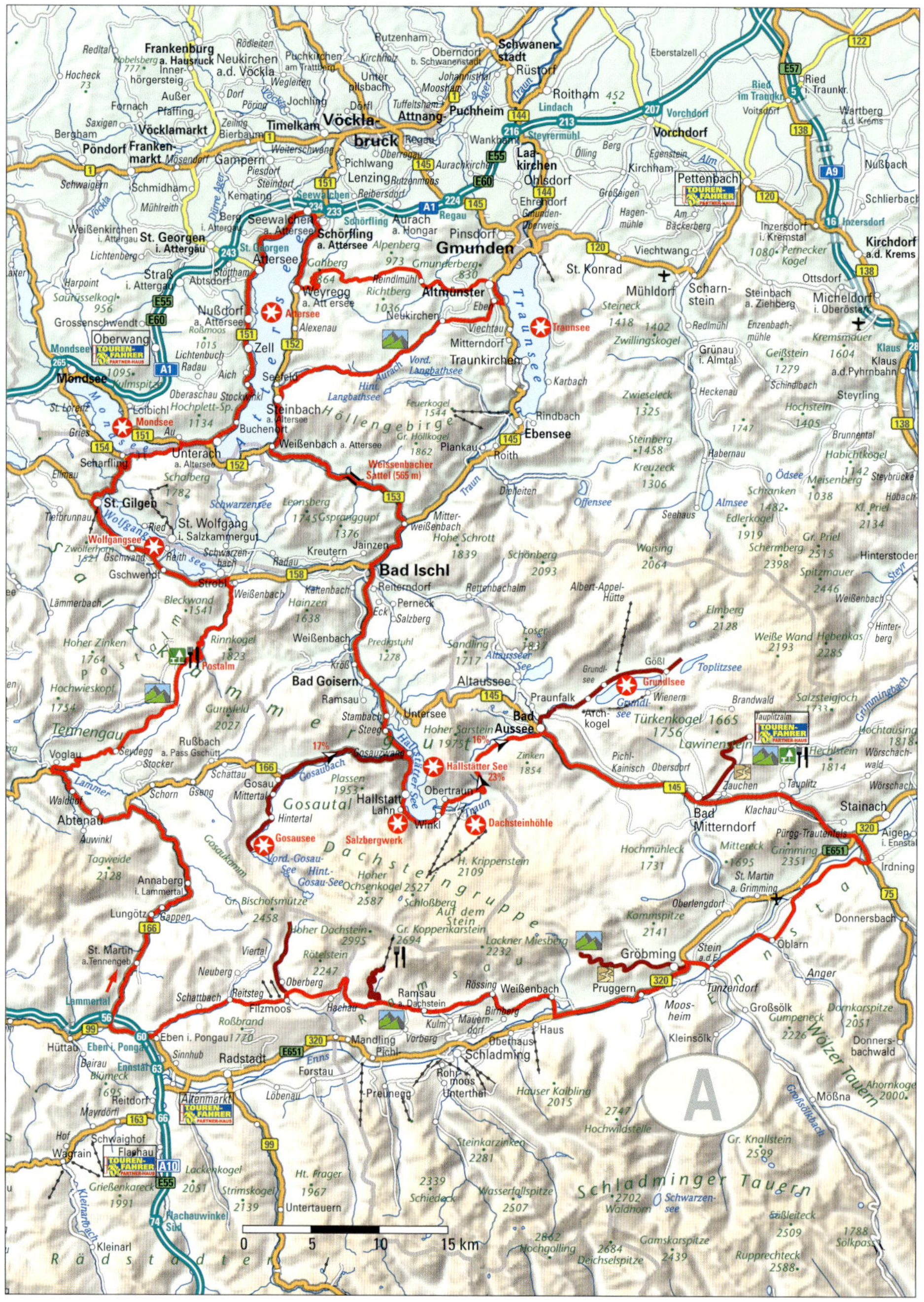

Bauernhofidylle am Wegesrand

INFORMATION

Land/Region: Salzburger Land/Österreich
Start und Zielort: Autobahn-Anschlussstelle Nr. 56 »Lammertal« der Autobahn A 10 »Salzburg-Villach«
Streckenlänge: 433 km inkl. aller Abstecher
Zeitaufwand: Tages-/Zweitagestour (reine Fahrtzeit ca. 9 Stunden)
Pässe und Bergstraßen: Postalm (1282 m), Weißenbacher Sattel (565 m), Tauplitzalmstraße (1600 m), Stoderzinkenstraße (2048 m), Dachsteinstraße (1700 m), Bergstraße zur Hoferalm (1268 m)
Wintersperren: Hoferalm November bis April. Alle übrigen Bergstrecken wegen Wintersportaktivitäten ganzjährig offen.
Maut: Postalmstraße, Tauplitzalmstraße, Dachsteinstraße
Abstecher: von Gosauzwang zum Gosausee, von Bad Aussee zum Grundlsee, von Bad Mitterndorf zur Tauplitzalm, von Gröbming zum Stoderzinken, von Ramsau am Dachstein zur Talstation der Dachsteinseilbahn, von Filzmoos zur Hoferalm
Ideale Reisezeit: Ende April bis Ende Oktober. Wer in den vielen Seen baden möchte, sollte die Monate Juli und August wählen. Wenn auch ohne Badefreuden, aber ungemein schön ist eine Fahrt im Spätherbst.
Fahrerische Höhepunkte: Lammertal, Postalm, Strecke Altmünster/Traunsee nach Steinbach am Attersee, Weißenbacher Sattel, Tauplitzalmstraße, Stoderzinkenstraße
Landschaftliche/kulturelle Höhepunkte: Postalm, Wolfgangsee, Mondsee, Attersee, Hallstätter See mit dem Ort Hallstatt (Doppelschiffkirche mit Gebeinhaus, Salzbergwerk), Dachsteinhöhlen bei Obertraun, Hoferalm
Motorrad: ohne Einschränkung für jeden Motorradtyp geeignet
Fahrerischer Anspruch: auch für Fahrer mit weniger Bergerfahrung geeignet
Übernachtung: Altenmarkt im Pongau: Bikerpoint Gasthof Laudersbach, Sinnhub 1, Tel. 0043/6452/6075, E-Mail: info@laudersbach.at, Flachau: Hotel Reslwirt, Tel. 0043/6457/2216, E-Mail: hotel@reslwirt.at, Oberwang: Gasthof Bäckerhäusl, Tel. 0043/6233/8228, E-Mail: baeckerhaeusl@airvision.at, Pettenbach: Landhotel Erdäpfelhof, Rankleiten 8, Tel. 0043/7586/8819, E-Mail: info@rankleiten.at, Tauplitzalm: Motor Bike Hotel Hierzegger, Tel. 0043/3688/2316, E-Mail: info@hierzegger.at
Tourismus: Salzkammergut Tourismus, Salinenplatz 1, 4820 Bad Ischl, Tel. 0043/6132/ 26909, E-Mail: info@salzkammergut.at, www.salzkammergut.at; www.postalm.net, www.dachsteinwelterbe.at, www.hallstatt.net
Karten: Mairdumont-Generalkarte Österreich Pocket Nr. 2 und 4, Maßstab 1 : 200.000; Michelinkarte Nr. 10 730 »Österreich«, Maßstab 1 : 400.000; Motorrad-Atlas »Alpenländer« von Hallwag, Maßstab 1 : 300.000

Rast am Hallstätter See

Anbindung Zusatztour 30

Den optimalen Anschluss für einen Vorstoß weit hinein in die Steiermark mit der Zusatztour 30 findet man von der Zusatztour 28 aus kommend in Admont.

In den Nordsteirischen Eisenbergen

Eine Reise durch eine Alpenregion, die vom Eisen geprägt wurde. Auch ohne Enduro-Rodeo imposant und sehenswert: die riesige Stufenpyramide des Erzbergs. In den Tälern von Enns und Ybbs, wo früher die Schmiedehämmer donnerten, kann man sie »fliegen lassen«, die »alten Eisen« – aber auch die jungen.

INFORMATION

Land/Region: Österreich/ Oberösterreich
Tourregion: nördlicher Teil der Steiermark, Ober- und Niederösterreich
Start- und Zielort: Steyr
Streckenlänge: rund 410 km (Stammroute ohne Abstecher und Alternativen)
Zeitaufwand: Tages-/Zweitagestour (reine Fahrtzeit ohne Abstecher ca. 8 Stunden)
Pässe und Bergstraßen: Hengstpass (1024 m), Pyrnpass (945 m), Halspass (830 m)
Wintersperren: keine regelmäßigen Wintersperren
Maut: fällt an auf der Straße zum Hochkarhaus in den Göstlinger Alpen
Abstecher/Sehenswürdigkeiten: Benediktinerstift in Admont mit der weltweit größten Klosterbibliothek, untergebracht in einem wunderschönen Barocksaal mit 70 m Länge, 14 m Breite und etwa 13 m Höhe.
Rund 10 km hinter Admont, im sogenannten Gesäuse, Abstecher ins malerische Alpendorf Johnsbach, auf dessen Friedhof viele namhafte Bergsteiger ihre letzte Ruhe gefunden haben. In Hieflau, gleich am Ende vom Gesäuse, Abstecher nach Eisenerz. Dort befindet sich der Erzberg, eine gigantische Stufenpyramide mit dem größten Sideritvorkommen (Eisenkalk) der Welt. Berühmtheit hat der Erzberg durch das seit 1995 stattfindende Erzberg-Rodeo, eines der bekanntesten und härtesten Endurorennen der Welt, erlangt.
Die Route folgt in mehreren Abschnitten der Österreichischen Eisenstraße, an der sich viele Zeugnisse der Eisenverarbeitung vergangener Zeiten befinden.
Ideale Reisezeit: Mai/Juni und September/ Oktober. Verkehrsmäßig sind auch die Hochsommermonate kein Problem, weil in der Region grundsätzlich nur mäßiger bis sehr mäßiger Verkehr herrscht.
Fahrerische Höhepunkte: überall da, wo die Tourstrecke dem kurvigen Lauf von Enns und Ybbs folgt; Hengstpass; Strecke im Bereich Wildalpen, Halspass und Salzatal
Landschaftliche Höhepunkte: die Täler von Enns und Ybbs; Göstlinger Alpen mit dem 1808 m hohen Hochkar-Gipfel. In dessen Nähe führt eine Mautstraße, die in Lassing, einem Ortsteil von Göstling, ihren Anfang nimmt.
Motorrad: für jeden Motorradtyp geeignet
Fahrerischer Anspruch: Auch für weniger geübte Bergfahrer geeignet, sogar als ideale Einsteigertour zu empfehlen.
Übernachtung: Losenstein: Familiengasthof Blasl, Bahnhofstraße 3, Tel. 0043/ 7255/ 6215;
Türnitz: Hotel Goldener Löwe, Markt 8, Tel. 0043/ 2769/ 8222;
Tauplitzalm: Familienhotel Hierzegger, Tauplitzalm, Tel. 0043/ 3688/ 2316;
Obertauern: Hotel Solaria, Dr.-Kressestraße 86, Tel. 0043/ 6456/ 7250
Tourismus: Steirische Tourismus GmbH, St.-Peter-Hauptstraße 43, A-8042 Graz, Tel. 0043/ 316/ 40030, Fax /400310, E-Mail: info@steiermark.com, www.steiermark.com
Karten: Mairdumont-Generalkarte Österreich, Extra Blatt Nr. 2 »Salzburg/ Kärnten/Steiermark/Südl. Burgenland«, Maßstab 1 : 200.000;
Michelinkarte Nr. 10730, »Österreich«, Maßstab 1 : 400.000;
Motorrad-Atlas »Alpenländer« von Hallwag, Maßstab 1 : 300.000

Unterwegs in den Eisenbergen, auf kleinen Straßen inmitten von sattem Grün

Anbindung Zusatztour 31

Wo sonst könnte man in die Zusatztour 31 ins Mariazeller Land besser einsteigen als in Mariazell. Hier und in den benachbarten Gemeinden Gußwer und Brubau schneidet die 22 die Zusatztour 30.

Kurviges im Mariazeller Land

Diese Tour durch die Obersteiermark führt in eine Gegend Österreichs, die in Sachen Popularität unter deutschen Motorradfahrern seit jeher im Schatten der eher hochalpinen Regionen der Alpenrepublik steht. Ganz zu Unrecht, wie jeder bestätigen wird, der sich diesem Tourenvorschlag folgend auf den Weg macht.

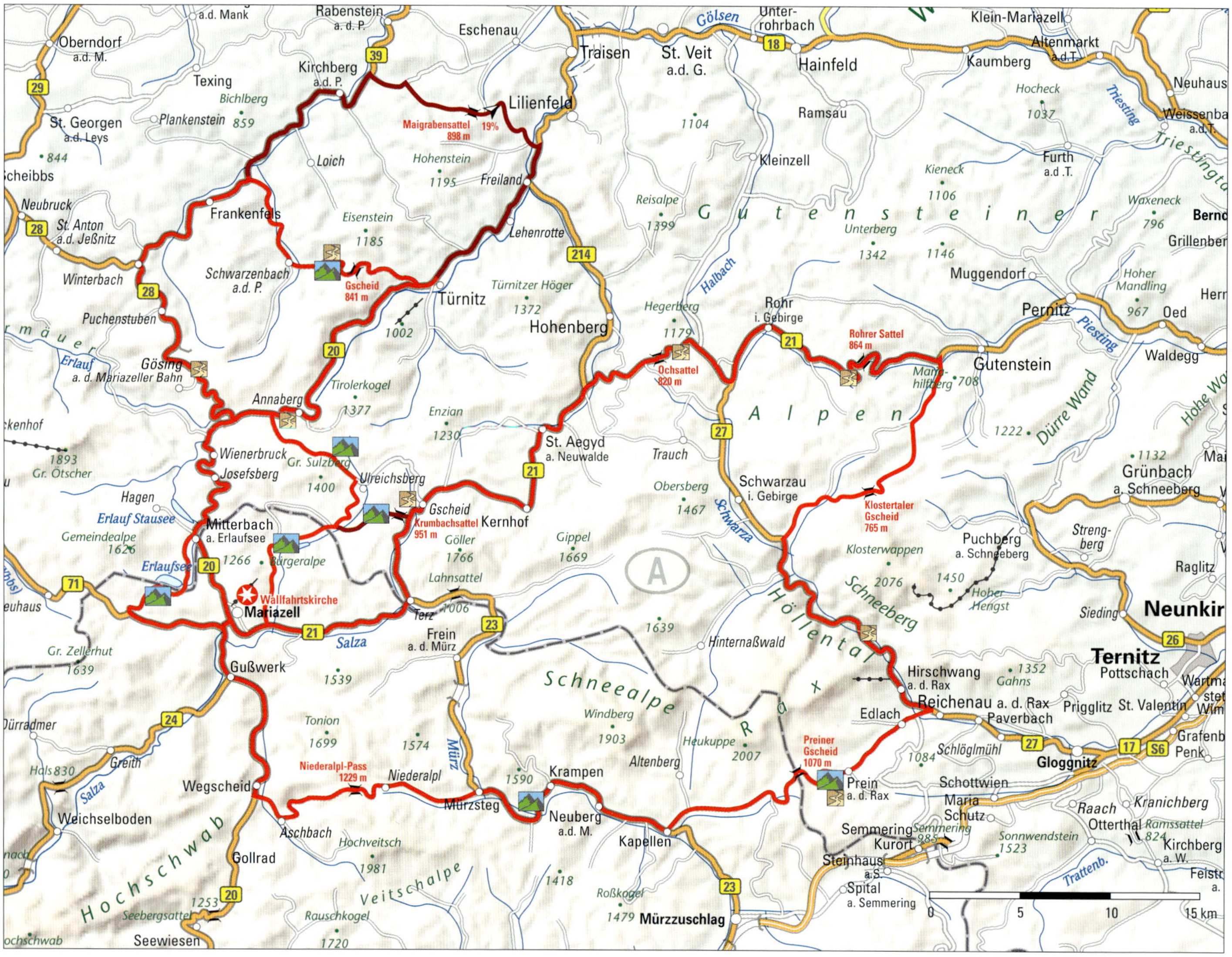

INFORMATION

Land/Region: Österreich/Obersteiermark
Start- und Zielort: Mariazell
Streckenlänge: 274 km (inkl. Alternativen)
Zeitaufwand: Tagestour (reine Fahrtzeit ca. 6 Stunden)
Pässe und Bergstraßen: Gscheid (841 m), Maigrabensattel (898 m), Krumbachsattel (951 m), Ochsattel (864 m), Rohrer Sattel (864 m), Klostertaler Gscheid (765 m), Preiner Gscheid (1070 m), Niederalppass (1229 m)
Wintersperren: keine regelmäßigen Wintersperren. Schnee im Herbst oder auch noch zu Beginn des Frühjahrs ist jedoch durchaus möglich.
Maut: ausschließlich mautfreie Strecken
Alternativrouten: Zusatzschleife über den Maigrabensattel, fahrerisch sehr schön und mit stattlichen 19 % auch imposant steil
Ideale Reisezeit: Wie für fast alle Touren durch die Berge gilt auch diesmal: Die schönsten Jahreszeiten hierfür sind Frühling und Herbst. Was den Sommer angeht, so gibt's in der Obersteiermark durchaus Temperaturen, die einen Kombiträger ins Schwitzen bringen. Mit verkehrsbedingten Einschränkungen beim Motorradspaß ist jedoch in dieser Region Österreichs selbst in den Hauptferienzeiten kaum zu rechnen.
Fahrerische Höhepunkte: Auch wenn einige der Bergstraßen bescheiden als Sattel tituliert sind, fahrerische Höhepunkte bieten Ochsattel und Co. bis zum Abwinken. Extrem beliebt unter Bikern: das Höllental, am Südostzipfel der Tour. Allerdings auch bekannt für höllisch schnelle Leute und viele Zweiradunfälle.
Landschaftliche Höhepunkte: Auf den Scheitelhöhen der Bergstraßen, egal, ob Pass, Sattel oder Gscheid, geht der Blick über eine Landschaft, die daliegt wie ein sanftes, sattgrün wogendes Meer. Ab dem Sommer tragen die vielen kleinen Dörfer üppigen Blumenschmuck.
Motorrad: ohne Einschränkung für jeden Motorradtyp geeignet
Fahrerischer Anspruch: Eine Tour, die allein schon wegen des überwiegend geringen Verkehrsaufkommens für Anfänger geeignet ist, sichere Fahrzeugbeherrschung auf schmaler Fahrbahn vorausgesetzt.
Übernachtung: Unmittelbar an der Tourstrecke liegend gibt es leider bisher noch keinen TF-Hotel-Partner. Für Frühaufsteher und Fahrer mit gutem Sitzfleisch empfehlen sich im Westen bzw. Süden des Tourgebietes folgende Hotels:
Losenstein: Familiengasthof Blasl, Tel. 0043/7255/6215;
Hohentauern: Waldgasthof Panorama, Tel. 0043/3618/217;
Wenigzell: Gasthof Bergler Stub'n, Tel. 0043/3336/2639;
Vorau: Gasthof Kutscherwirt, Tel. 0043/3337/2211
Tourismus: Steirische Tourismus GmbH, St.-Peter-Hauptstraße 43, A-8042 Graz, Tel. 0043/316/40030, Fax /400310, E-Mail: info@steiermark.com, www.steiermark.com
Karten: Mairdumont-Generalkarte Österreich, Extra Blatt Nr. 2 »Salzburg/Kärnten/Steiermark/Südl. Burgenland«, Maßstab 1 : 200.000;
Michelinkarte Nr. 10730 »Österreich«, Maßstab 1 : 400.000;
Motorrad-Atlas »Alpenländer« von Hallwag, Maßstab 1 : 300.000

Im Mariazeller Land: Durch intakte Natur zur Langsamkeit verführt

Blick von Kranjska Gora auf die Gipfel der zentralen Julischen Alpen

Anbindung Zusatztour 32

In den Steirischen und Kärntner Süden gelangt man mit der Zusatztour 32 am besten von den Zusatztouren 27 und 26 oder von der Transalp-Tour 2 aus kommend in Villach.

Steirischer und Kärntner Süden

Die Toskana Österreichs wird der südlichste Zipfel der Steiermark oft genannt. Malerisch schlängeln sich die Straßen durch rebenbestandene Hügel. Buschschanken laden zum Verweilen ein. Der Soboth, die beliebteste Motorradstrecke der Region, markiert den Übergang ins Kärntnerische, bevor es im Schatten der mächtigen Karawanken dann weiter nach Villach geht.

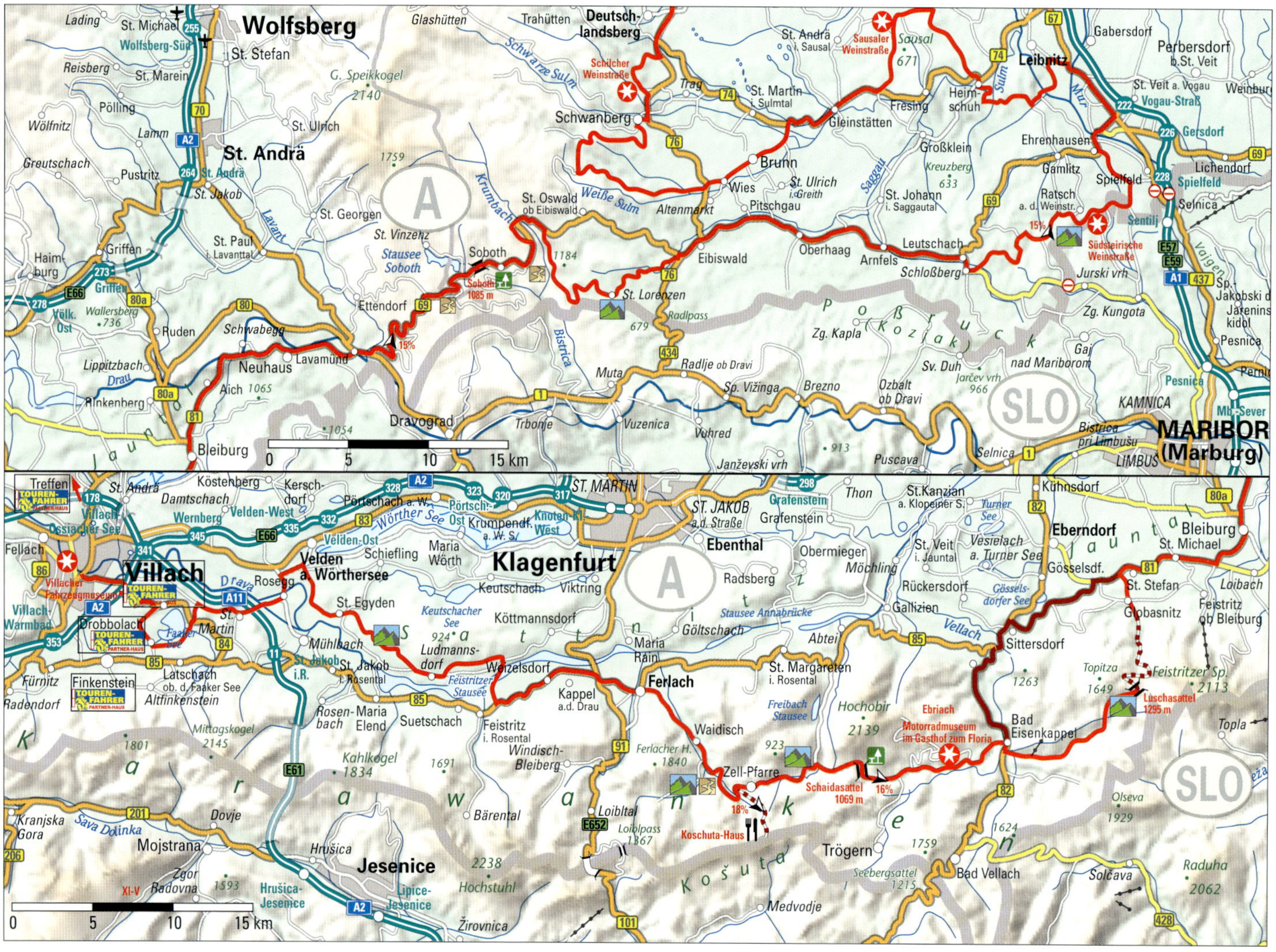

INFORMATION

Land/Region: Österreich/Steiermark/Kärnten
Startort: Deutschlandsberg
Zielort: Villach
Streckenlänge: 274 km (inkl. Abstecher)
Zeitaufwand: Tages-/Zweitagestour (reine Fahrtzeit ca. 8 bis 9 Stunden)
Pässe und Bergstraßen: Soboth (1347 m), Luschasattel (1295 m), Schaidasattel (1069 m), Koschutastraße (1280 m), Villacher Alpenstraße (1732 m)
Wintersperren: Luschasattel und Koschutastraße abhängig von der aktuellen Schneelage etwa November bis April
Maut: Koschutastraße, Villacher Alpenstraße
Abstecher/Alternativen: Die rund 17 km lange und in der Regel sehr gepflegte Naturstraße zwischen Globasnitz und dem Luschasattel kann der B 81 folgend über Sittersdorf nach Bad Eisenkappel umfahren werden.
Die Koschutastraße, nicht asphaltiert, aber problemlos mit Straßenmotorrädern zu befahren, führt zur gleichnamigen Hütte der Naturfreunde Österreich (geöffnet von Anfang Mai bis Oktober). Idealer Platz für eine Rast. Terrasse mit schönen Ausblicken über die Karawanken und das vorgelagerte Tal.
Wem bis Villach der Kurven nicht genug sind, dem sei ganz zum Schluss der Tour noch die Villacher Alpenstraße empfohlen. Sie bietet herrliche Kurven, beeindruckende Ausblicke und am Endpunkt kostenlos zu nutzende »Biker-Safes« für Helme, Jacken etc., allerdings gilt zwischen 20 und 7 Uhr für Motorradfahrer ein Fahrverbot.
Ideale Reisezeit: Von Frühling bis Herbst, wobei die Steirischen Weinstraßen während oder kurz nach der Weinlese am interessantesten sind, auch wegen der vielen gemütlichen Buschenschanken.
Fahrerische Höhepunkte: alle drei Steirischen Weinstraßen gleichermaßen, Schaidasattel und Soboth. Dort, nahe dem Scheitelpunkt, bekannter Bikertreff auf dem Parkplatz »Kärntenblick«.
Landschaftliche Höhepunkte: die Südsteirische Weinstraße, tatsächlich österreichisch-slowenisches Grenzgebiet, gefühlt aber Toskana! Schaidasattel und das dahinterliegende Hochtal mit den Ortsteilen der Gemeinde Zell; das Rosental.
Motorrad: ohne Einschränkung für jeden Motorradtyp geeignet
Fahrerischer Anspruch: auch ohne große Bergerfahrung problemlos zu meistern. Die Naturstraße zum Koschutahaus hat in ihrem oberen, etwas steileren Teil zwei Kehren, die behutsame Fahrweise erfordern.
Übernachtung: Finkenstein: Hotel Finkensteiner Hof, Mallestiger Platz 1, Tel. 0043/4254/2176, E-Mail: hotel@finkensteinerhof.at; Drobollach: Ferienhaus Seeblick, Seeblickstraße 62, Tel. 0043/4254/2094 und /664/4155071, E-Mail: gailer@aon.at; Villach: Romantik-Hotel Post, Hauptplatz 26, Tel. 0043/4242/261010, E-Mail: peter. kreibich@romatik-hotel.com; Treffen: Friedl's Garage – Gasthof Kuchler, Tel. 0043/4248/2826, E-Mail: hotel.restaurant@treffnerhof.at
Karten: Mairdumont-Generalkarte Österreich Nr. 2 »Salzburg/Kärnten/Steiermark/Südl. Burgenland«, Maßstab 1 : 200.000; Motorrad-Atlas »Alpenländer« von Hallwag, Maßstab 1 : 300.000

Die Südsteiermark wird zu Recht als steirische Toskana bezeichnet.

Anbindung Zusatztour 33

Direkt anschließend an die Zusatztour 32 kann man von deren Endpunkt in Deutschlandsberg aus in die Zusatztour 33 starten.

Im Westen von Graz

Diese Tour beginnt in Deutschlandsberg, der Heimat des ungewöhnlichen, lachsfarbenen Schilcher Weines, und führt abwechslungsreich durch den Westen der Steiermark und den östlichsten Zipfel Kärntens. Kurvenspaß auf verkehrsarmen Straßen und reichlich Gaumenfreuden sind in dieser Region absolut garantiert.

Das Kirchlein von Pölling am Westrand der Saualpe

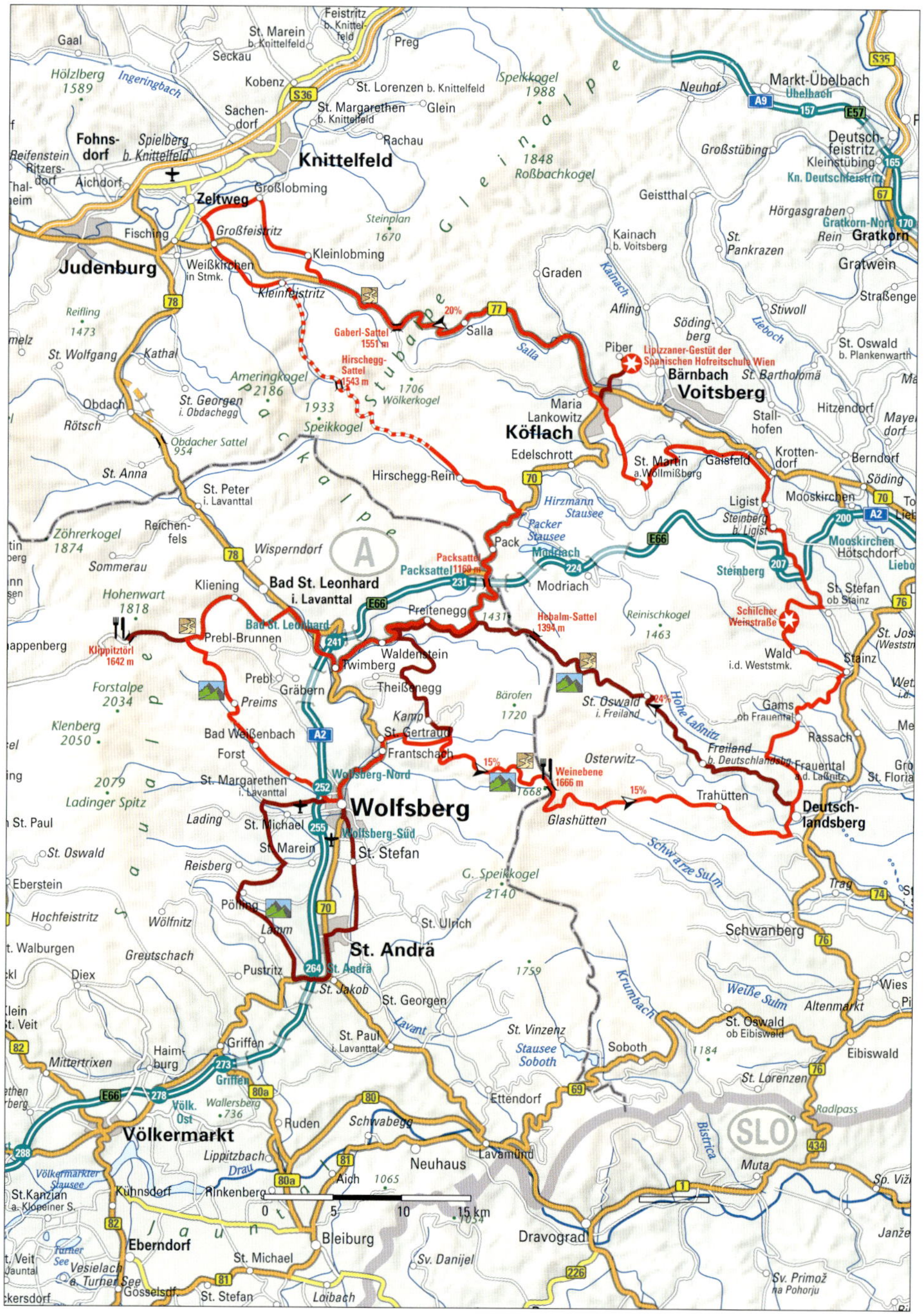

INFORMATION

Land/Region: Österreich/Steiermark
Tourregion: Steiermark und Kärnten
Startort- und Zielort: Deutschlandsberg. Zu erreichen über die Autobahn A 2 »Klagenfurt/ Graz«, Ausfahrt Liboch, von dort der Bundesstraße Nr. 76 in südlicher Richtung folgen. Da es sich bei der Tour um eine Rundreise handelt, ist der Einstieg auch bei den A 2-Anschlussstellen Packsattel, Bad St. Leonhard/ Lavanttal und Wolfsberg möglich.
Streckenlänge: 269 km (inkl. Abstecher)
Zeitaufwand: Tagestour (reine Fahrtzeit ca. 5 bis 6 Stunden)
Pässe und Bergstraßen: Gaberl-Sattel (1551 m), Hirschegg-Sattel (1543 m), Packsattel (1169 m), Klippitztörl (1642 m), Weinebene (1666 m), Hebalm-Sattel (1394 m)
Wintersperren: keine regulären Wintersperren. Je nach Schneelage zeitweise Sperrungen möglich.
Maut: ausschließlich mautfreie Strecken
Abstecher/Alternativrouten: Abstecher nach Piper zum Lipizzaner-Gestüt der Spanischen Hofreitschule Wien. Ganz in der Nähe, in Bärnbach, steht die von Friedensreich Hundertwasser umgestaltete St.- Barbara-Kirche. Abstecher zum Klippitztörl, allein der Vollständigkeit der Pässe und der netten Jausenstationen wegen; Schleife ab Wolfsberg entlang der Saualpe. Unterwegs gibt es einige ausgeschilderte Möglichkeiten, auf nicht asphaltierten Sackstraßen weiter bergwärts zu gemütlichen Straußwirtschaften zu fahren. Neben dem direkten Weg über die Weinebene ist auch die Alternativstrecke über den Hebalm-Sattel sehr zu empfehlen. Um weder die eine noch die andere Strecke zu verpassen, sollte eigentlich ab Deutschlandsberg noch eine Sonderschleife gefahren werden.
Ideale Reisezeit: Mai bis Oktober, bei Hochdruckwetter sogar November. Selbst in der Zeit der Sommerferien relativ geringes Verkehrsaufkommen.
Fahrerische Höhepunkte: Gaberl-Sattel mit satten 20 % Steigung, die wunderschöne Naturstraße über den Hirschegg-Sattel, die Weinebene und die nordöstlich gelegene Alternativstrecke über den Hebalm-Sattel
Landschaftliche Höhepunkte: Schilcher Weinstraße, Hirschegg-Sattel, der gesamte Streckenabschnitt entlang der Ostseite der Saualpe, Weinebene und Hebalm-Sattel
Motorrad: ohne Einschränkung für jeden Motorradtyp geeignet
Fahrerischer Anspruch: auch für Fahrer mit weniger Bergerfahrung geeignet
Übernachtung: Sowohl für die Steiermark als auch für Kärnten sind Unterkünfte auf Bauernhöfen zu empfehlen. In der Regel gibt es dort einen Unterstellplatz und gute regionale Küche. Und Werkzeug, sofern es denn gebraucht werden sollte, ist beim Bauern sowieso vorhanden. Infos über insgesamt mehr als 900 steirische und Kärtner Bauernhof-Unterkünfte unter www.urlaubambauernhof.at.
Internet: www.steiermark.com; www.kaernten.at; www.piber.com; www.saualpe.com; www.steirischerwein.at
Karten: Mairdumont-Generalkarte Österreich Nr. 2 »Salzburg/Kärnten/ Steiermark/Südl. Burgenland«, Maßstab 1 : 200.000; Motorrad-Atlas »Alpenländer« von Hallwag, Maßstab 1 : 300.000

Die Steiermark ist besonders schön, wenn sie die Farben des Herbstes trägt.

Anbindung Zusatztour 34

Die Zusatztour 34 schlägt einen langen östlichen Bogen zwischen den Zusatztouren 32 und 31. Sie beginnt bei Leibnitz, durch das auch die Zusatztour 32 verläuft. Am nächsten kommen sich die 34 und die 31 bei Gloggnitz, südwestlich von Wiener Neustadt.

Bucklige Welt und Südsteiermark

Die zu Niederösterreich zählende Bucklige Welt, auch »Land der tausend Hügel« genannt, gehört geologisch zu den Zentralalpen. Landschaftlich überaus reizvoll, empfiehlt sie sich für eine Motorradreise allein schon wegen ihrer verkehrsarmen Straßen, die außer wilden Kehren alles zu bieten haben, was das Motorradfahrerherz begehrt. Gleiches gilt auch für das Burgenland und den Südostteil der Steiermark. Dort durchzieht unsere Tourstrecke eine reizvolle Landschaft, die nicht zu Unrecht gerne mit der Toskana verglichen wird. Schlösser, Burgen, Weinberge, malerische Dörfer, gemütliche Gasthöfe und Buschenschanken – eine Tour zum Reisen und Rasten.

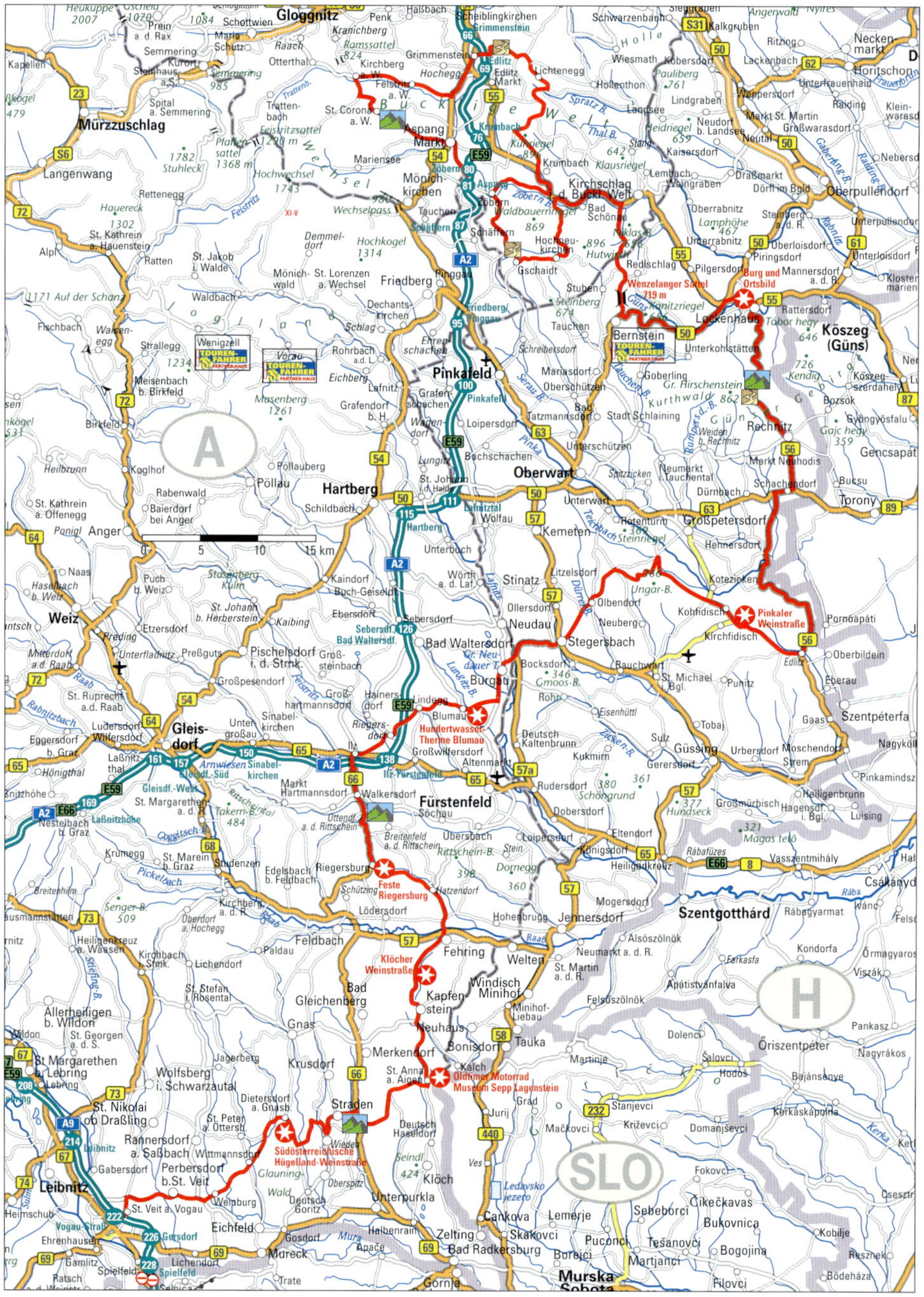

INFORMATION

Land/Region: Österreich/Niederösterreich/Bucklige Welt/Südsteiermark
Startort: Aspang Markt
Zielort: Sankt Veit am Vogau
Streckenlänge: 278 km
Zeitaufwand: Tagestour (reine Fahrtzeit 6 bis 7 Stunden)
Pässe und Themenstraßen: Wenzelanger Sattel (719 m), Pinkataler Weinstraße, Klöcher Weinstraße, Südoststeirische Hügelland-Weinstraße
Wintersperren: keine
Maut: ausschließlich mautfreie Strecken
Ideale Reisezeit: Absoluter Favorit ist der Herbst, sogar Spätherbst. Besonders reizvoll ist die Zeit der Weinlese. Dann haben viele Buschenschanken geöffnet, die ausnahmslos leckere steirische Kost für kleines Geld bieten. Im Herbst gibt es außerdem viele Felder mit Ölkürbissen zu bewundern, aus deren Kernen das berühmte steirische Kernöl gepresst wird.
Fahrerische Höhepunkte: Vom Start weg weiß die Bucklige Welt mit herrlichen Kurvenkombinationen zu begeistern, besonders auf der Schleife um den 869 m hohen Waldbauernriegel. Sehr schräglagenfreundlich: das Günsergebirge von Lockenhaus bis Schachenburg.
Landschaftliche Höhepunkte: Bucklige Welt, Burgenland im Bereich der Gemeinden Bernstein und Lockenhaus, Pinkatal, Klöcher Weinstraße, Südoststeirisches Hügelland
Motorrad: ohne Einschränkung für jeden Motorradtyp geeignet
Fahrerischer Anspruch: auch für Fahrer mit wenig Bergerfahrung geeignet
Übernachtung: Bernstein: Hotel Burg Bernstein, Schlossweg 1, Tel. 0043/3354/6382
Wenigzell: Gasthof Bergler Stub'n, Tel. 0043/3336/2639
Vorau: Gasthof Kutscherwirt, Klosterberggasse 6, Tel. 0043/3337/2211
Tourismus: Burg und Ortsbild in Lockenhaus (www.lockenhaus.at); vom österreichischen Künstler Friedensreich Hundertwasser gestaltete Therme in Blumau (www.blumau.com); die auf einem Berg thronende Feste Riegersburg (www.riegersburg.com) im gleichnamigen Ort; Oldtimer-Motorradmuseum von Sepp Lagenstein in St. Anna am Aigen, Jamm 94, Tel. 0043/3158/2296 und 0043/664/1767143
Karten: Mairdumont-Generalkarte Österreich Nr. 2 »Salzburg/Kärnten/Steiermark/Südl. Burgenland«, Maßstab 1 : 200.000;
Michelinkarte Nr. 10 730 »Österreich«, Maßstab 1 : 400.000;
Motorrad-Atlas »Alpenländer« von Hallwag, Maßstab 1 : 300.000

Aus den Kernen des Ölkürbis wird das dunkelgrüne und nussig schmeckende steirische Kernöl gewonnen.

Anbindung Zusatztour 35

Wer mit der Zusatztour 35 die südliche Steiermark erkunden möchte, findet den leichtesten Einstieg von der Zusatztour 34 in Kirchberg am Wechsel oder von der Zusatztour 31 in Goggnitz.

Durch die Steiermark

Dass es nicht immer hohe Alpenpässe mit 40 Kehren und mehr sein müssen, beweist diese Rundreise durch die südliche Steiermark. Sie fasziniert auf ihrer gesamten Länge mit herrlichen Kurvenstrecken und wenig Verkehr. Dazu werden noch schöne Abstecher über Naturstraßen geboten.

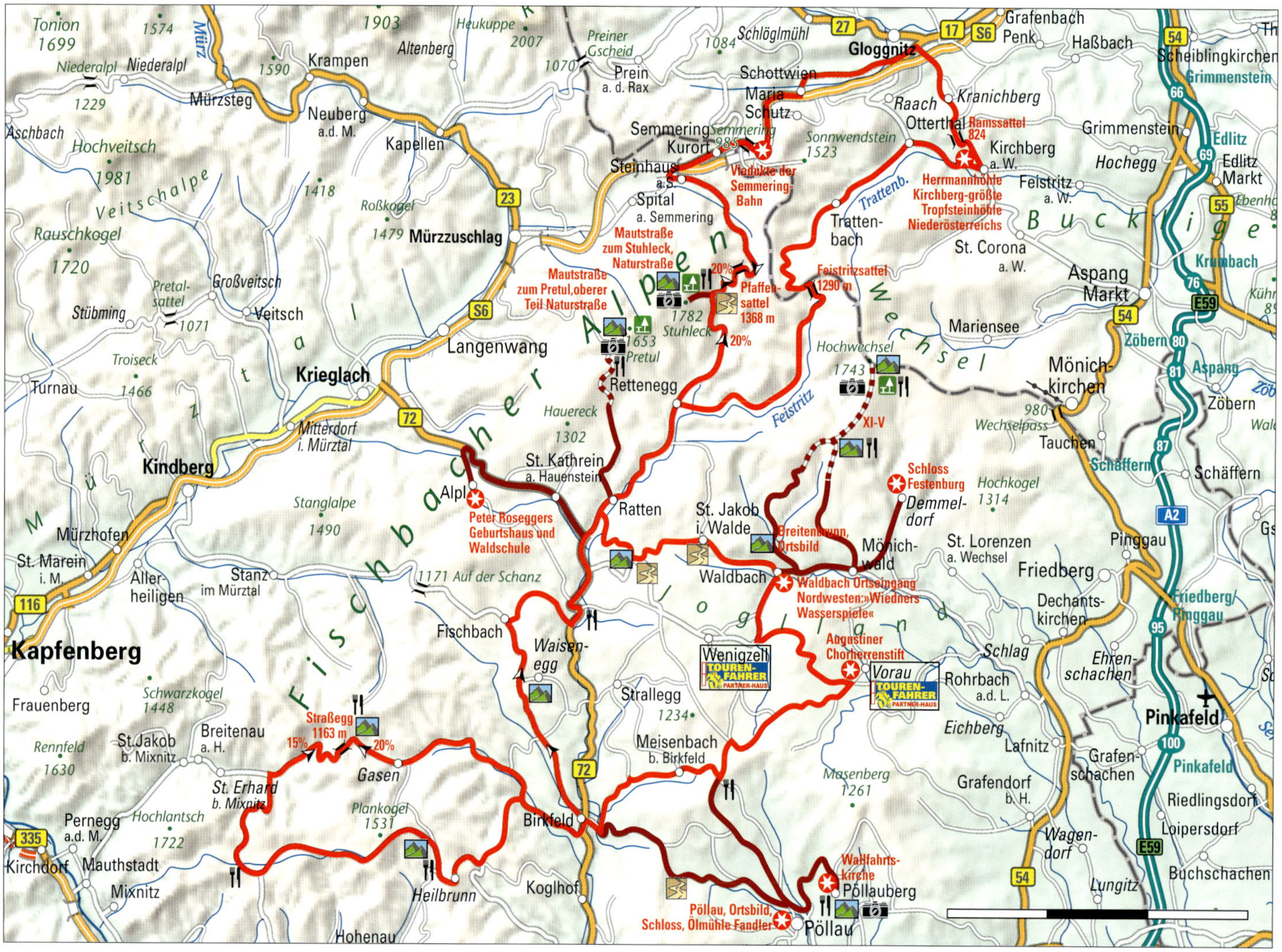

INFORMATION

Land/Region: Österreich/Steiermark/ Fischbacher Alpen, Joglland, Hochwechsel
Start/Zielort: Vorau
Streckenlänge: 295 km
Zeitaufwand: Tages/ Zweitagestour (reine Fahrtzeit ca. 8 Stunden)
Pässe und Bergstraßen: Auf dem Straßegg (1163 m), Bergstraße Pretul (1600), Bergstraße Stuhleck (1782 m), Pfaffensattel (1368 m), Semmering (984 m), Feistritzsattel (1290 m), Ramssattel (824 m), Bergstraße Hochwechsel (1743 m)
Wintersperren: Die Naturstraßen zum Pretul, Stuhleck und Hochwechsel sind von Oktober bis April gesperrt. Die übrigen Strecken unterliegen keiner regelmäßigen Wintersperre.
Maut: fällt für das Befahren der Naturstraßen zum Pretul, Stuhlegg und Hochwechsel an.
Abstecher: Die drei vorgenannten, nicht asphaltierten Mautsträßchen sollten auf keinen Fall ausgelassen werden. Sie sind auch mit einem Straßenmotorrad problemlos zu meistern. Zudem befinden sich am jeweiligen Endpunkt der Abstecher urige Berghütten, die neben handfesten Jausen auch noch ein tolles Berg-Panorama bieten.
Ideale Reisezeit: Landschaftlich gesehen Mai, September und Oktober. Der Verkehr in der gesamten Region hält sich erfreulicherweise immer in Grenzen.
Fahrerische Höhepunkte: Die gesamte Runde bietet unentwegt schöne Kurvenfolgen. Das geringe Verkehrsaufkommen tut ein Übriges.
Landschaftliche Höhepunkte: Allem voran die Ausblicke von den Hoch- und Endpunkten der genannten Abstecher. Idylle pur ist in den grünen Hügeln des Jogllandes zu finden.
Geeignetes Motorrad: ohne Einschränkung für jeden Motorradtyp
Fahrerischer Anspruch: Abgesehen von den Abstechern über die Naturstraßen ist die Tour auch für Fahrer mit wenig Bergerfahrung geeignet.
Übernachtung: Wenigzell: Gasthof Bergler Stub'n, Tel. 0043/3336/2639
Vorau: Gasthof Kutscherwirt, Klosterberggasse 6, Tel. 0043/3337/2211;
etwas westlich, außerhalb des eigentlichen Tourgebietes:
Bernstein: Hotel Burg Bernstein, Schlossweg 1, Tel. 0043/3354/6382
Tourismus: www.tiscover.at/Steiermark, www.joglland.at;
Tourismusverband Joglland, Tel. 0043/3336/20255
Karten: Generalkarte Österreich Extra Nr. 2 »Salzburg/Kärnten/Steiermark/Südl. Burgenland, 1 : 200.000, Verlag Mairdumont; Michelinkarte Nr. 19 730 »Österreich«, 1 : 400.000

Unterwegs auf dem Straßegg in den Fischbacher Alpen

Anbindung Zusatztour 36

Auf ihrem Weg weit nach Süden und durch Slowenien trennt sich die Zusatztour 36 in Bovec von der Transalp-Tour 2. Anschluss an die Zusatztouren 26, 27 und 32 bekommt man rund um Villach.

Karawanken und Julische Alpen

Dies ist nicht nur eine Traumtour für all jene, die in den Dolomiten schon mit jeder Kehre per du sind, sondern für alle Motorradreisenden, die landschaftliche und fahrerische Highlights in packender Kombination suchen. Darüber hinaus bietet das Dreiländereck von Kärnten, Slowenien und dem Friaul eine unübertroffene Vielfalt in jeder nur denkbaren Weise.

»Lichtspiele« auf der Mangartstraße

INFORMATION

Land/Region: Österreich/Kärnten
Tourgebiet: Kärnten/Slowenien/Friaul
Startort: Villach-Warmbad, Autobahn A 2 »Villach-Tarvisio«, Anschluss-Stelle Nr. 353 »Villach Warmbad«
Zielort: Villach, Autobahn A 10 »Spittal-Klagenfurt«, Anschluss-Stelle Nr. 178 »Villach/Ossiacher See«
Streckenlänge: rund 300 km
Zeitaufwand: Tagestour (reine Fahrtzeit 6 bis 7 Stunden)
Pässe und Bergstraßen: Wurzenpass (1073 m), Vršič (1611 m), Sedlo Solarji (936 m), Passo di San Marco (663 m), Mangart-Straße mit Hochpunkt Lahnscharte (2046 m), Passo del Predil/ Predel (1156 m)
Wintersperren: Die Mangart-Straße ist als reine Touristenstraße von November bis Mai gesperrt. Die übrigen Pässe werden nur witterungsbedingt geschlossen.
Maut: Mangart-Straße.
Abstecher: Die Mangart-Straße ist eine der schönsten Bergstraßen im gesamten Alpenraum und die Lahnscharte der höchste anfahrbare Punkt Sloweniens. Die schmale und kühn angelegte Straße endet unweit der Scharte. Die letzten paar Höhenmeter müssen zu Fuß zurückgelegt werden, was mit einer grandiosen Aussicht belohnt wird.
Ideale Reisezeit: Ende Mai bis Ende Oktober
Fahrerische und zugleich landschaftliche Höhepunkte: Vršič (gepflasterte Kehren, Vorsicht bei Nässe), Sočatal, Sedlo Solarji und Mangart-Straße
Motorrad: ohne Einschränkung für jeden Motorradtyp geeignet
Fahrerischer Anspruch: Die teils sehr schmalen Streckenabschnitte sowie die Vielzahl steiler und enger Kehren erfordern bei dieser Tour einen geübten Bergfahrer, der darüber hinaus keine Probleme mit Tiefblicken über den oft mangelhaft gesicherten Straßenrand hinaus haben sollte.
Übernachtung: gibt es in diesem Fall nur im Start-/Zielgebiet dieser Tour:
Villach: Romantik-Hotel Post, Hauptplatz 26, Tel. 0043/4242/261010;
Treffen: Friedl's Garage – Gasthof Kuchler, Tel. 0043/4248/2826;
Finkenstein: Hotel Finkensteiner Hof, Mallestiger Platz 1, Tel. 0043/4254/2176;
Afritz: Fischerhof Glinzner, Seestraße 28, Tel. 0043/4247/2133;
Ferndorf: Alpengasthof Bergfried, Gschriet 19, Tel. 0043/4246/7317;
Hermagor: Bikerhotel Panoramahotel Hauserhof, Kreuth 1 ob Möschach, Tel. 0043/4282/2286:
Weißensee: Kraners Alpenhof, Oberdorf 13, Tel. 0043/4713/2062 und Hotel Moser, Techendorf, Tel. 0043/4713/22310
Karten: Freitag & Berndt »Autokarte Slowenien«, Maßstab 1 : 150.000; Motorrad-Atlas »Alpenländer« von Hallwag, Maßstab 1 : 300.000

Durch die Kehren am Vršič-Pass hinab ins wildromantische Sočatal

Die Fahrt über den Col du Galibier ist zweifellos einer der Höhepunkte auf der Route des Grandes Alpes.

Prickelnd wie Champagner

»Route des Grandes Alpes« – das ist mehr als nur die profane Bezeichnung einer Touristenstrecke durch die französischen Westalpen. Für viele Motorradfahrer verbirgt sich dahinter der ganz große Traum – in jedem Fall ein würdiger Abschluss der Alpenfilmtrilogie.

Es ist bereits Ende September. Trotzdem wollen wir noch in die Alpen. Denn die Aufnahmen für die dritte Alpen-DVD müssen noch in den Kasten. Diesmal soll es über die schönsten und höchsten Pässe der Westalpen gehen. Wir hoffen auf unser Zockerglück. Denn um diese Jahreszeit gibt's in den Hochalpen eigentlich nur hopp oder top. Hopp: Wir versinken im Tiefschnee oder top:

Wir haben Kaiserwetter, das heißt, im Sonnenlicht silbern glänzende Felsen, knallblau der Himmel mit zarten weißen Wolkentupfern. Und dann erst die Luft – prickelnd wie Champagner …

Die erste Prise Höhenluft schnuppern wir am Großen St. Bernhard. Namensgeber einer Hunderasse, die Augustinermönche einst hier oben in fast 2500 Metern Höhe gezüchtet hatten. Legende ist der Bernhardiner-Rüde Barry, der Anfang des 19. Jahrhunderts 40 Menschen vor dem Lawinentod gerettet haben soll. Weniger verbrieft ist das »Markenzeichen« der Lawinenhunde – das Branntweinfass am Hals. Wohl eher ein Marketing-Gag der geschäftstüchtigen Mönche, die noch heute die Legende pflegen.

Wir haben übrigens das erträumte Kaiserwetter – Luft so prickelnd wie Champagner –, und wohl darum düsen Markus und

Passtafel und Wegweiser mit Kultcharakter auf dem Col de l´Iseran (oben). Unverwechselbar: die »Casse Déserte«, auf der Südseite des Col d'Izoard (rechts).

Ludwig auf GS und Transalp wie im Rausch davon. Gut so, denn dem Treiben aus dem Kamera-Auto zuzusehen … Oh, du armes Bikerherz. Am Kleinen St. Bernhard fangen wir die beiden über Funk ein. »Äktschen« ist angesagt. Hinter dem 2188 Meter hohen Scheitel schlängelt sich die Straße fotogen durch bucklige Almwiesen, die schon die Farben des Herbstes tragen. Und in der Ferne türmt sich weiß, majestätisch und im

Zweiradbegegnung am Col du Galibier (links). Picknick mit Traumpanorama am Belvédère de la Tarentaise auf dem Col de l'Iséran (oben).

Licht der Abendsonne glänzend ein markanter Felskegel mit schroffen Wänden auf – der Mont Blanc. Sein Firngipfel misst 4810 Meter.

Wenig weiter, zwischen den Kehren beim Abstieg nach Séez und Bourg-St.-Maurice finden wir Unterschlupf im TF-Partnerhaus Hotel Belvédère, das mit dem herrlichen Ausblick über Täler der Tarentaise, eine der historischen Provinzen Savoyens, seinem Namen gerecht wird.

Markus und Ludwig genießen am Morgen den kräftigen Nachschlag von der Kurvenkost des Kleinen St. Bernhard. Denn wir fahren ein gutes Stück zurück, und dank der späten Jahreszeit haben wir den Pass ganz für uns allein. »Äktschen!«, tönt es über Funk, und schöne Bilder – kurvige Bergstraße, aufsteigende Nebelfetzen, unglaubliches Panorama – sind der Lohn fürs frühe Aufstehen.

Im Tal der Isère stoßen wir auf die legendäre Route des Grandes Alpes, eine durchgehend ausgeschilderte Straßenverbindung von rund 700 Kilometern Länge zwischen den Städten Thonon-les-Bains am Lac Léman (Genfer See) und Menton am Mittelmeer.

Deren Geschichte beginnt zu Anfang des 20. Jahrhunderts, als die Menschen mobil werden und es modern und schick ist, mit dem Kraftfahrzeug zu reisen. Im Jahr 1909 beginnen die Arbeiten. Bereits 1913 wird die noch lückenhafte Alpenstraße eingeweiht. Wegen des Ersten Weltkriegs werden die Arbeiten bis 1918 unterbrochen. Im Jahr 1930 ist der Bau der Straße so weit fortgeschritten, dass die Strecke Nizza–Chamonix

Mit weiten Schwüngen am Großen St. Bernhard beginnt unsere Alpentour Nr. 3 (oben links). Vespas überwiegend älterer Baujahre gibt's in Martigny gleich dutzendweise zu bestaunen (oben rechts). Unmittelbar hinter dem Hospiz auf dem Großen St. Bernhard bietet sich nach Süden dieser herrliche Ausblick (rechts).

in rund eineinhalb Tagen zu bewältigen ist. Eine wichtige Lücke wird 1937 mit der Eröffnung der höchsten Passstraße Europas, dem 2770 Meter hohen Col de l'Iséran, geschlossen.

Wir hatten Markus und Ludwig wieder mal von der Leine gelassen. Nun warten sie am Lac du Chevril auf uns, hinter dessen imposanter Staumauer im Jahr 1952 das alte Dorf Tignes in der aufgestauten Isère versank.Die beiden hatten wohl ihren Spaß, wie grinsende Gesichter und knisternde Moppeds erkennen lassen. Dafür müssen sie nun brav hinter dem Auto durch Val d'Isère rollen. Der mondäne Wintersportort hat um diese Jahreszeit den Charme einer Großbaustelle, und wir halten nur an, um die Tanks zu füllen.

Knallblau der Himmel mit zarten weißen Wolkentupfern – dem stürmen wir am Col de l'Iséran entgegen. Kurve um Kurve und Kehre um Kehre, von Straßenbauern kunstvoll in Berghänge gegraben und Felshänge gemeißelt.

Markus und Ludwig haben Dauer-»Äktschen«, wenn Daniel wechselweise auf den Soziusplätzen rumturnt, die Kamera mal hoch über ihren Köpfen, mal rechts, mal links dicht über dem Asphalt.

Da kommt der Stopp beim Aussichtspunkt Belvédère de la Tarentaise auf gut 2500 Metern Höhe mit tollem Blick über das Val d'Isère gerade recht zum Durchschnaufen. Und fürs Picknick – Markus, der Koch im Team, sorgt da bestens für uns – ist die Panoramatafel auf der runden Steinsäule geradezu ideal.

> Als es schick wird, mit dem Fahrzeug zu reisen, beginnt die Geschichte der Route des Grandes Alpes

Wenig später stehen wir an der meistfotografierten Passtafel der Alpen auf dem 2770 Meter hohen und verflucht zugigen Scheitel des Col de l'Iséran, dem höchsten Straßenpass der Alpen. Genau genommen wird er allerdings von der weiter südlich liegenden Cime de la Bonette, einem Abstecher vom Col de la Bonette, noch um 32 Meter übertroffen.

An der südlichen Passrampe des Iséran liegt das malerische Bergdorf Bonneval-sur-Arc. Ein wahres Schmuckstück unter den Dörfern Savoyens. Die Hausdächer sind nach alter Tradition kunstvoll mit mächtigen Steinplatten gedeckt und von Flechten, Moosen und Farnen bewachsen. Die bunten Geranien auf den Fensterbänken sind schon frostigen Nächten zum Opfer gefallen. Eine Bar hat noch auf, und wir bekommen endlich mal einen Kaffee.

Überhaupt ist es gar nicht einfach, Grundbedürfnisse wie Essen, Trinken und Tanken um diese Jahreszeit auf der Route des Grandes Alpes zu befriedigen. Cafés, Restaurants, Tankstellen – sie alle sind bereits geschlossen, weil sich im Herbst kaum noch Touristen auf die Pässe verirren. Für uns zum Fahren und Drehen Segen und Fluch zugleich. Einerseits genießen wir es, diese Motorradtraumstrecke für uns zu haben, andererseits nervt die Aussicht, »trocken« oder ohne Nachtlager liegen zu bleiben. Sogar das TF-Partnerhaus in Valloire am Fuße des Col du Galibier hat die Saison schon beendet. Wir sind heilfroh, schließlich doch noch eine Bleibe und am Ortsende ein kleines Restaurant zu finden.

Sonne, die gibt's zum Glück reichlich. Der nächste Tag – wieder Kaiserwetter. Die Fahrt zum Col du Galibier – ein Traum. Kein Verkehr, Kurven, Kehren, Motive ohne Ende, also heißt es immer wieder: »Äktschen!«

Dann stehen wir staunend auf dem 2646 Meter hohen Scheitel. Das Panorama ist überwältigend. Die Gletscher am Massif des Écrins verstecken sich hinter einem Nebelschleier, hauchdünn, so als ob die Natur ein kleines Geheimnis für sich behalten wollte. Die Südrampe überwindet 588 Höhenmeter auf kurzer Distanz und endet auf der Passhöhe des Col du Lautaret auf 2058 Metern Höhe. Gleich rechts eine Bar. Tische und Stühle in der Sonne, parkende Autos und Motorräder. Hier ist ja mal richtig was los. »Nach der wilden Lenkradkurbelei brauchst du doch sicher einen Kaffee, oder?«, spricht Markus zu mir. Schaut dann mit grinsendem Gesicht zu Ludwig. Ich nicke, sie wenden, und wir sehen die beiden erst nach dem zweiten Café au Lait wieder. Und mein armes Motorradfahrerherz blutet …

Durchs Vallée de la Guisane erreichen wir Briançon, dessen Stadtmauer mit Signalturm und Brücke und die insgesamt vier Forts seit 2008 zum UNESCO-Weltkulturerbe zählen. Mit seiner Lage bis zu 1326 Metern ist Briançon nach Davos die zweithöchstgelegene Stadt Europas. Was nichts daran ändert, dass uns der Verkehr und die Suche nach einem Parkplatz nerven. Wir wollen wieder dahin, wo die Luft prickelt wie Champagner …

Also auf zum Col d'Izoard, denn diesen knallblauen Himmel mit den zarten weißen Wolkentupfern, den hat sowieso keiner so drauf wie er. Und für einen ordentlichen Adrenalinstoß ist er auch gut. Die Nordrampe, zwischen licht stehenden Kiefern kehrenreich und ideal angelegt mit teils überhöhten Kurven und Topasphalt – die bringt's.

Dann wird uns ganz andächtig zumute beim Anblick dieser grandiosen Landschaft, die den Namen Casse Déserte, zerhackte Wüste, trägt. Aus riesigen Geröllhängen ragen einzelne Felspyramiden und Felsnadeln auf. Eine wilde, bizarre Szenerie. Geniales Futter für unsere Kameras. Ein Glück, dass Daniel beim Umsteigen zwischen Auto und Bike die Klamotten inzwischen schneller wechselt als jedes Model bei der Modenschau.

Col de Turini, der passende Pass, um sich schwindelig zu fahren (unten). Über den Wolken am Petit St. Bernard (oben links). Trockentraining am Monument auf der Passhöhe des Col d'Izoard (oben rechts).

2360 m zeigt die Tafel auf dem breiten Scheitel des Izoard. Die Landschaft tausend Höhenmeter tiefer, durchflossen vom Oberlauf des Guil, trägt den Namen Queyras. Combe du Queyras, die Queyrasschlucht, reicht bis Guillestre. Der Talort zwischen Col d'Izoard und Col de Vars liegt auf einem Hochplateau von immerhin noch 1000 Metern Höhe. Über den Col de Vars und hinunter nach Barcelonnette wollen wir es heute noch schaffen. Die zügige Gangart ist kein Problem, aber auf die Bilder zu verzichten – dieses malerische Hochtal mit Wiesen und kleinen Lärchenwäldern – völlig unmöglich!

Darum geht uns auf der 2111 Meter hoch gelegenen Passhöhe des Vars, der die Grenze zwischen den Regionen Dauphiné und Provence markiert, der große Himmelsscheinwerfer aus. Wir fahren einen knappen Kilometer zurück zum Refuge Napoléon. Die kleine Auberge hat trotz der späten Jahreszeit tatsächlich noch geöffnet. Freie Zimmer gibt's auch. Wir werden von Madame herzlich aufgenommen, während Monsieur in der Küche werkelt. Und zwar sehr erfolgreich, wie wir wenig später bei einem leckeren Abendessen feststellen dürfen.

Wieder Sonne! Haben wir ein Glück. Ihre warmen Strahlen machen kurzen Prozess mit dem Raureif einer frostigen Nacht. Früh schon sind wir auf dem Weg zum Col de la Bonette.

Die Straße ist schmal und anders als in den früheren Jahren mittlerweile in einem guten Zustand. Die Landschaft wird zunehmend felsiger und karger, dann sogar völlig vegetationslos. Im Zusammenspiel mit dieser Weite und Einsamkeit ist das großartig und bedrückend zugleich.

Beim Umsteigen aufs Bike wechselt Daniel schneller die Klamotten als ein Model bei der Modenschau

Wir stehen in einer Höhe von 2802 Metern. Für die letzten 60 Höhenmeter zur Aussichtsplattform auf der Cime de la Bonette ist Marschieren angesagt. Und auch wenn die Luft immer noch prickelt, irgendwie ist sie hier aber auch ganz schön dünn. Also, noch mal kräftig durchgeschnauft, und dann kommen die 360°-Schwenks – mit und ohne Kamera. Das Panorama ist gewaltig!

Und weiter geht's. Zunächst nur langsam an Höhe verlierend, senkt sich die schmale Straße hinter dem verfallenen Fort Camp des Fourches bei 2289 Metern Höhe dann steil und kehrenreich hinunter ins obere Tinéetal. Bei den roten Felsen der Gorges de Valabres verlassen wir die Route des Grandes Alpes und fahren westlich über

In den engen Gassen von Sospel, dem malerischen Städtchen zwischen den Cols Turini und Castillon (links). Die Motorräder parken auf dem Sandstrand in Menton: Wir sind am Ziel (rechts).

den Col de la Couillole, wo nicht nur das Sonnenlicht zur Neige geht, sondern auch der Treibstoff, und das bei Auto und Bikes gleichermaßen. Unser Glück: Von nun an geht's bergab! Die Transalp rollt mit null CO_2-Ausstoß auf den letzten Kilometern ins Bergdorf Beuil. Dort stehen vor einem kleinen Laden zwei alte, verbeulte Zapfsäulen. Zwei bange Minuten. Die Dinger funktionieren tatsächlich noch. Wir sind gerettet, zumal wir 300 Meter weiter noch ein kleines Hotel finden.

Am Morgen heißt es gleich wieder: »Äktschen!« Wir zwängen uns durch die engen, auberginefarbenen Felswände der Gorges du Cians. Markus und Ludwig sind begeistert, denn Wendepunkte für Klappe zwei oder drei gibt es in der engen, gewundenen Schlucht nur ganz wenige. So können die beiden schon mal richtig am Gas drehen.

Im unteren Teil der beeindruckenden Schlucht hindert uns ein Sperrbalken an der Weiterfahrt. Wir versuchen es mit dem Sträßlein links und lernen so den Col de la Sinne kennen, dessen knapp drei Meter breites Band und 1438 Meter hoher Scheitel uns spannend und aussichtsreich zurück zur Route des Grandes Alpes bringen.

Dort erwarten uns die spektakulären Kehren des Col de Turini. Nah am Meer bringt er es zwar nur auf schlappe 1607 Meter Höhe – aber er hat's in sich. Wer kennt nicht die abenteuerlichen Bilder von der Rallye Monte Carlo, der Mutter aller Rallyes. Die Geschichten von der »Nacht der langen Messer« am Col de Turini.

»Da mache ich noch mal was aus dem Kofferraum«, sagt Daniel zu unserem Erstaunen. Wissen wir doch, dass es unserem Kameramann beim Filmen aus dem Fahrzeugheck regelmäßig übel wird. Aber wenn er denn meint …

»Äktschen!« – und los geht's. Die Jungs dicht an Heck und Kameralinse, lasse ich den Kombi fliegen. Die »Monte« lebt! Kehre folgt auf Kehre. Es geht keine zehn Meter geradeaus. Und wieder rechts, links, rechts, links. »Aufhören« und ein zweites, ersticktes »Aauufhööören!« dringt trotz lauter Motor- und Windgeräusche aus dem Heck an mein Ohr. Dann sitzt ein blasses Etwas von Kameramann neben mir, in dessen Gesicht selbst bei der Schlusseinstellung an der Strandpromenade von Menton die Farbe immer noch nicht vollständig zurückgekehrt ist.

»Wir haben doch auch alles gegeben für richtig gute Bilder«, spricht da ein schmunzelnder Markus, Daniel behutsam auf die Schulter klopfend und mit der Rechten an einem imaginären Gasgriff drehend.

INFORMATION

Allgemeines: Bei der Route des Grandes Alpes handelt es sich um eine durchgehend ausgeschilderte Straßenverbindung von rund 700 Kilometern Länge zwischen den Städten Thonon-les-Bains am Lac Léman (Genfer See) und Menton am Mittelmeer. Die Arbeiten beginnen im Jahre 1909. 1913 erfolgt die Einweihung der noch lückenhaften Alpenstraße. Wegen des Ersten Weltkriegs ruhen die Arbeiten bis 1918. Der wichtige Streckenabschnitt über den Col de l'Iséran, mit 2770 m höchster Straßenpass Europas, wird 1937 eröffnet. Die letzte Lücke der Route wird erst 1970 mit der Straße Cormet de Roseland geschlossen. Der große Reiz der dritten Transalp-Tour liegt sicherlich in der Mischung aus schroffer Hochgebirgslandschaft der Westalpen und dem Abstieg hinunter zum Mittelmeer. Bei vielen Tankstellen stehen Karten-Automaten, die fast ausschließlich in Frankreich ausgestellte Kredit- bzw EC-Karten akzeptieren. Daher immer frühzeitig tanken. Noch schwieriger: Ende September unterwegs einen Kaffee zu bekommen. »Fermé« – wir haben dieses Schild gehasst.

Reisezeit: Da die Route immer wieder oberhalb der 2500-m-Marke verläuft, bleibt nur der Zeitraum zwischen Anfang / Mitte Juni und Anfang Oktober. Doch selbst im Sommer kann es zu Schneefällen kommen. Der Zeitaufwand beträgt mindestens drei Tage.

Reisedauer und Wegstrecke: Die Tour beginnt im schweizerischen Wallis und endet nach mehr als 700 Kilometern an der Côte d'Azur. Die Pässe in Reihenfolge der Fahrtrichtung von Nord nach Süd: Champex-Sattel (1498 m), Col du Grand St. Bernard (2469 m), Col du Petit St. Bernard (2188 m), Col de l'Iséran (2770 m), Col du Télégraphe (1566 m), Col du Galibier (2646 m), Col du Lautaret (2058 m), Col d'Izoard (2360 m), Col de Vars (2111 m), Col de Restefond (2678 m), Col de la Bonette (2715 m), Cime de la Bonette (2802 m), Col de la Couillole (1678 m), Col de la Sinne (1438 m), Col Saint Martin (1500 m), Col de Turini (1607 m), Col d'Erc (505 m), Col de Castillon (628 m).

Übernachten: Hotel Belvédère in Séez/Petit St. Bernard, Cristiana Hotel in Valloire/Col du Galibier und L'Escale en Ubaye in St. Pons/Barcelonnette im Bereich der Route. Empfehlen können wir zudem das Refuge Napoléon (www.refuge-napoleon.com) nahe der Passhöhe des Col de Vars.

Maut: Die Route führt ausschließlich über mautfreie Straßen.

Karten: Michelin Nr. 10729 »Schweiz«, Maßstab 1:400.000; Motorrad-Atlas »Alpenländer« von Hallwag, Maßstab 1: 300.000; ideal fur die Planung: www.routedesgrandesalpes.com mit Tourismusadressen, Hotels, Museen, Tankstellen und aktuellen Infos über die Befahrbarkeit der Pässe.

Anbindung Zusatztour 37

Diese Tour ist gut zu erreichen von der Transalp-Tour 2, ebenso von den Zusatztouren 2 und 19. Der ideale Umschlagplatz ist Interlaken. Den Einstieg in die Transalp-Tour 3 schafft man am leichtesten bei Martigny.

Berner Oberland und mehr

Diese Reise führt über Straßen und Wege, auf denen die in der Schweiz verordneten 80 km/h Highspeed nicht weiter stören – versprochen! Die Fahrt geht durch weite grüne Matten und Wälder, zu klaren Bergseen und vorbei an rauschenden Wasserfällen. Und Kurven satt gibt es selbstredend auch.

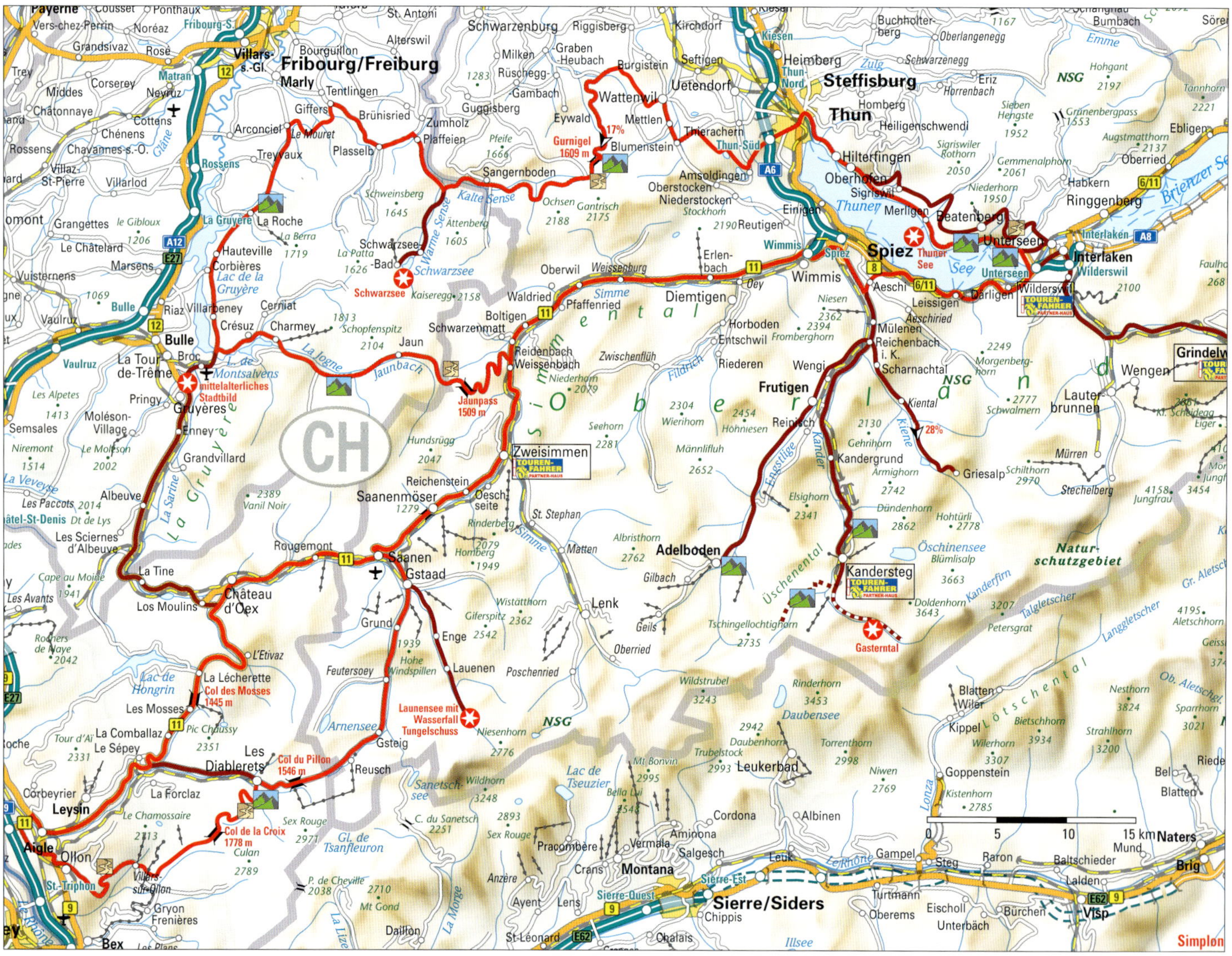

INFORMATION

Land/Region: Schweiz/Kanton Bern
Tourgebiet: Berner Oberland/Schweizer Mittelland/Waadtländer Alpen
Start- und Zielort: Thun am Thuner See
Streckenlänge: rund 380 km (ohne Abstecher)
Zeitaufwand: Tages-/Zweitagestour (reine Fahrtzeit ohne Abstecher ca. 8 Stunden)
Pässe und Bergstraßen: Gurnigel (1609 m), Jaunpass (1509 m), Col des Mosses (1545 m), Col de la Croix (1778 m), Col du Pillon (1546 m), Bergstraße zur Griesalp (1407 m)
Wintersperren: Col de la Croix November bis April. Die übrigen Pässe, Bergstraßen und Sackstraßen in die verschiedenen Täler werden abhängig von der Schneelage zeitweise geschlossen.
Maut: Gastern- und Üschenentalstraße
Abstecher/Alternativen: hinter Sangernboden Abstecher zum Schwarzsee (1050 m). Alternativ zum Jaunpass den kürzeren Weg zum Col des Mosses über das Städtchen Gruyères, die Heimat des Greyerzer Käses. Ebenfalls kürzere Alternativroute von Le Sé nach Les Diablerets. In Gstaad beginnt der Abstecher zum Launensee, am Thuner See die Abstecher nach Adelboden und Kandersteg. Von dort weiter in das Üschenen- und Gasterntal (Achtung: beides Naturstraßen, für Straßenmotorrad nur bedingt tauglich). Die Einfahrt ins Gasterntal ist nur von 15 Minuten vor bis 5 Minuten nach der vollen Stunde möglich, die Ausfahrt von der 15. bis zur 35. Minute jeder Stunde. Abstecher zur Griesalp (28 % Steigung) und von Interlaken nach Grindelwald. Über Beatenberg führt die Alternativroute zur Uferstraße am Thuner See.
Ideale Reisezeit: Mai/Juni und September/Oktober
Fahrerische Höhepunkte: Gurnigel und die dann folgende Strecke bis Sangernboden, Jaunpass und Col de la Croix
Landschaftliche Höhepunkte: Gurnigel, Schwarzsee, Region um Gruyères, Launensee, Simmental, Üschenen- und Gasterntal, Thuner See
Motorrad: für jeden Motorradtyp geeignet, mit Ausnahme der Naturstraßen im Üschenen- und Gasterntal. Eine Reise-Enduro oder zumindest eine leichte Straßenmaschine sollte es hierfür sein.
Fahrerischer Anspruch: mit Ausnahme der vorgenannten Naturstraßen auch für weniger geübte Bergfahrer geeignet
Übernachtung:
Zweisimmen: Hotel Post, Beim Bahnhof, Tel. 0041/33/7293040;
Kandersteg: Hotel Zur Post, Tel. 0041/33/6751258;
Grindelwald: Berggasthaus Marmorbruch, Tel. 0041/33/8531318
Tourismus: Schweiz Tourismus, Postfach 16 07 54, 60070 Frankfurt a. M., Tel. 00800/100 20030 (gratis), www.myswitzerland.com, www.berneroberland.ch, www.schwarzsee.ch, www.la-ruyere.ch/de, www.launensee.com
Karten: Michelinkarte Regional Nr. 11 552 »Schweiz Süd-West« und 11 553 »Schweiz Süd-Ost«, Maßstab 1 : 200.000; Mairdumont-Generalkarte Schweiz »Östlicher Teil« und »Westlicher Teil«, Maßstab 1 : 200.000; Motorrad-Atlas »Alpenländer« von Hallwag, Maßstab 1 : 300.000

So kann es im Berner Oberland selbst im Mai nach einer feuchtkalten Nacht noch einmal aussehen.

Anbindung Zusatztour 38

Einen guten Übergang zwischen der Zusatztour 37 und der Transalp-Tour 3 stellt die Zusatztour 38 dar. Die 37 berührt sie in Monthey, die Transalp-Tour 3 schließlich in Bourg Saint Maurice.

Vom Rhônetal zum Mont Cenis

Diese Tour steigt, beginnend im Schweizer Wallis, in die legendäre Route des Grandes Alpes ein, eine Alpenstraße, deren Geschichte bereits im Jahre 1909 beginnt und die bis heute Zweiradfahrer aller Couleur begeistert.

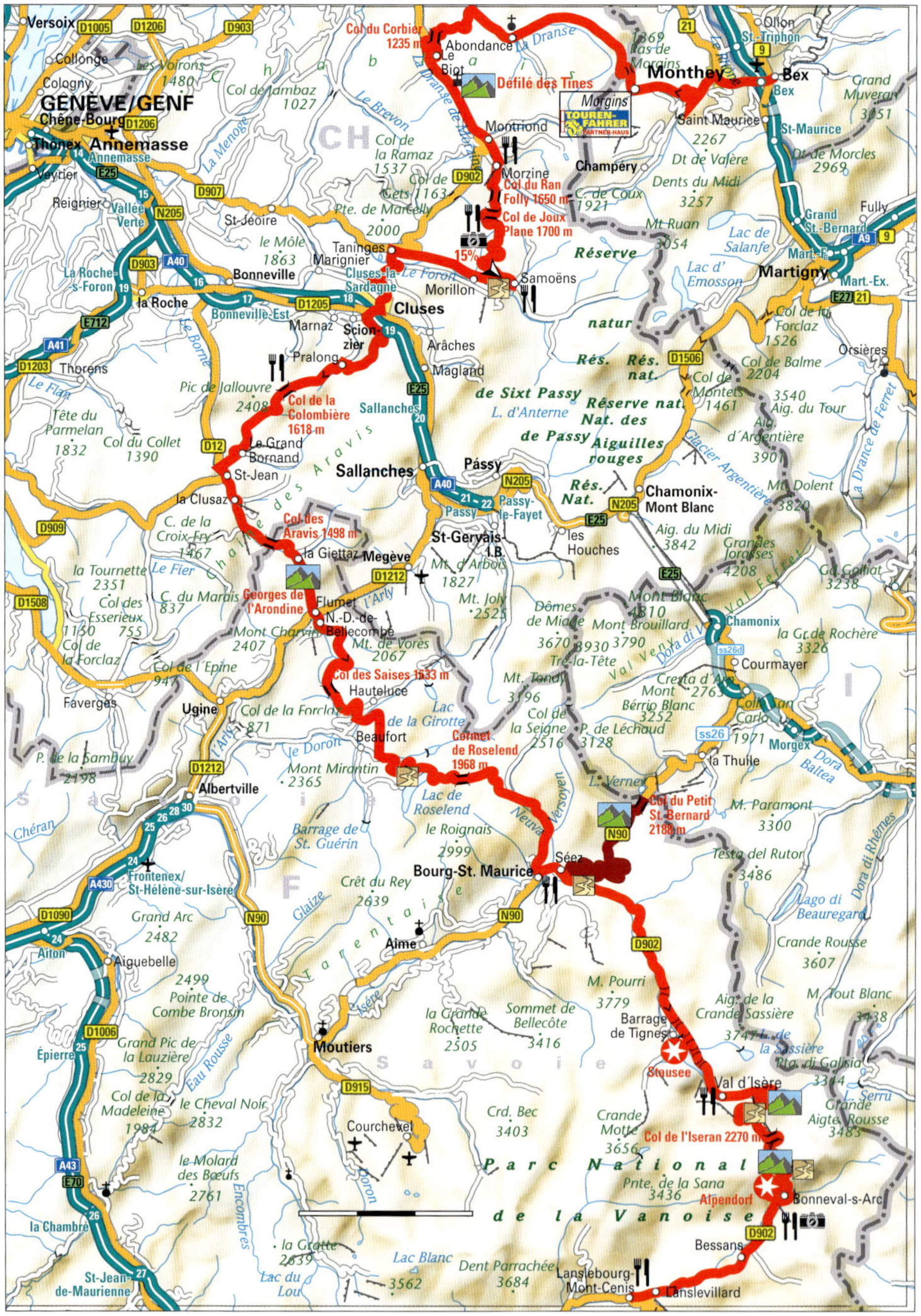

Kapelle auf der Scheitelhöhe des Col de Aravis

INFORMATION

Land/Region: Schweiz/ Wallis/Rhônetal bis Frankreich/Savoyen/Rhône-Alpes
Start/Ziel: Bex /Lanslebourg
Streckenlänge: 346 km
Zeitaufwand: Tagestour
(reine Fahrtzeit ca. 6,5 Stunden)
Anreise: Bex liegt im Rhônetal, rund 16 km nördlich von Martigny. Von Bern aus führt der schnellste Weg über die Autobahnen A 12 und A 9 (Vignettenpflicht). Ein zeitaufwendiger, aber lohnender Weg führt von Bern zum Thuner See, dann durchs Simmental nach Gstaad und weiter über Col du Pillon, Col de la Croix, Villars-s-Ollon und Gryon nach Bex.
Pässe und Bergstraßen: Col du Corbier (1235 m), Col du Ranfolly (1250 m), Col de Joux Plane (1700 m), Col de la Colombiére (1618 m), Col des Aravis (1498 m), Col des Saisies (1438 m), Cormet de Roselend (1938 m), Col de l'Iséran (2270 m). Wer am Ende der Tour immer noch nicht genug hat von Kurven und Kehren, dem sei noch ein Abstecher zum Lac du Mont Cenis nahe dem Scheitelpunkt des gleichnamigen Passes empfohlen.
Wintersperren: Die Wintersperre für den Col de l'Iséran besteht in der Regel von Anfang Oktober bis etwa Ende Mai. Die Sperre für den Cormet de Roselend ist nur wenig kürzer. Die übrigen Pässe sind je nach Wetterlage nur kurzfristig gesperrt.
Maut: ausschließlich mautfreie Strecken
Abstecher: Südrampe des Col du Petit St. Bernard (2188 m)
Ideale Reisezeit: Mit Gewissheit offene Pässe gibt es nur in den Monaten Juni bis August. Der September verspricht den höchsten Genuss, birgt aber das Risiko frühen Schneefalls in den Hochlagen der Route.
Fahrerische Höhepunkte: Diese reihen sich bei dieser Tour fast lückenlos aneinander. Besonders hervorzuheben sind der Cormet de Roselend und die Südrampe des Col de l'Iséran.
Landschaftliche Höhepunkte: Auch hier liegen Cormet de Roselend und Col de l'Iséran ganz vorn. Der Blick von der Nordrampe des Iseran zurück ins Val d'Isère ist traumhaft. Am Ende der Südrampe sollte unbedingt in Bonneval-sur-Arc, einem der schönsten Dörfer des gesamten Alpenraumes, ein Stopp eingelegt werden. Am Beginn der Tour bietet der Col de Joux Plane einen eindrucksvollen Blick auf die Nordwestflanke des 4810 m hohen Mont-Blanc-Massivs.
Motorrad: ohne Einschränkung für jeden Motorradtyp
Fahrerischer Anspruch: Auch für Fahrer mit wenig Bergerfahrung geeignet. Doch Achtung: Die immerfort notwendige hohe Konzentration setzt eine gute fahrerische Kondition voraus.
Übernachtung: Im anfänglichen Teil der Tourstrecke liegt das Hotel La Reine des Alpes, Route du Village, CH-1875 Morgins, Tel. 0041/ 244/771143, (E-Mail: info@lareinedesalpes.ch).
Tourismus: www.routedesgrandesalpes.com oder www.route-grandes-alpes.com. Einen kostenlosen Flyer mit Infos zur Route des Grandes Alpes und nützlichen Adressen entlang der Route gibt es bei: Bureau Info Montagne, BP 227, F-38019 Grenoble Cedex, Tel. 0033/4764245 90, (E-Mail: infos.montagne@grande-traversee-alpes.com).
Karte: Michelin-Karte Nr. 12 523 »Rhône-Tal/ Franz. Alpen«, Maßstab 1 : 300.000

»Wasser marsch« am Cormet de Roselend

Anbindung Zusatztour 39

Bei der Runde um den Mont Blanc teilt sich die Zusatztour 39 ein Stück der Strecke zwischen Bourg Saint Maurice und Martigny mit der Transalp-Tour 3 und zwischen Flument und Bourg Saint Maurice mit der Zusatztour 38.

Rund um den Mont Blanc

Diese Reise führt über die schönsten Pässe der Zentralalpen in einer weiten Schleife rund um den Mont Blanc, den höchsten Berg der Alpen. Der mit Gletschereis bedeckte König der Alpengipfel weiß sich dabei immer wieder eindrucksvoll zu präsentieren. Und der Kurvenspaß dabei ist schier endlos.

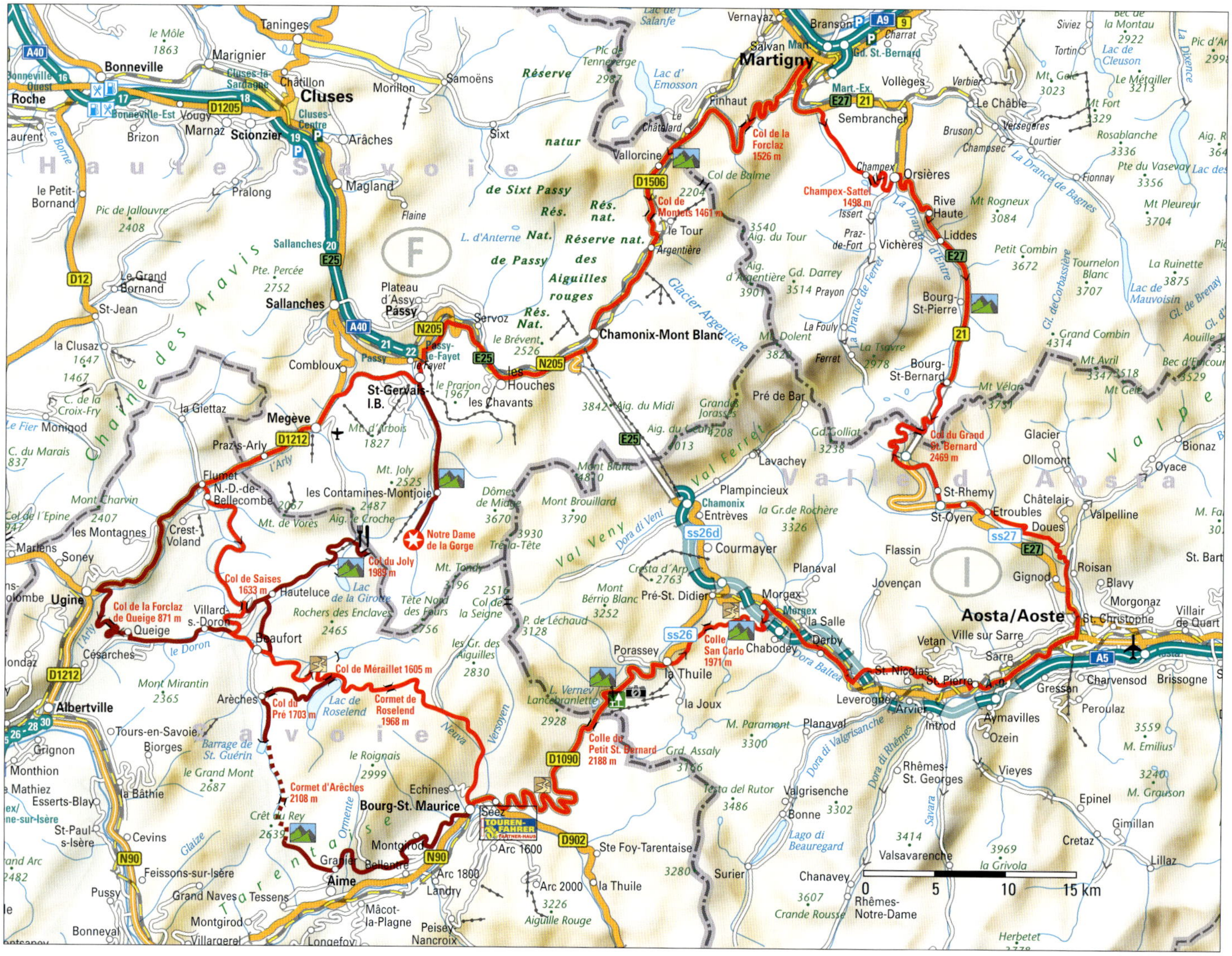

INFORMATION

Land/Region: Schweiz/Wallis
Tourgebiet: Unterwallis, Aostatal, Rhône-Alpes
Start- und Zielort: Martigny
Streckenlänge: 305 km (reine Asphaltrunde ohne Abstecher und alternative Schotterpisten)
Zeitaufwand: Tages-/Zweitagestour (reine Fahrtzeit ca. 8 Stunden)
Pässe und Bergstraßen: Champex-Sattel (1498 m), Col du Grand St. Bernard (2469 m), Colle San Carlo (1971 m), Col du Petit St. Bernard (2188 m), Cormet de Roselend (1968 m), Cormet d Arêches (2108 m), Col du Pré (1703 m), Col de Méraillet (1605 m), Col du Joly (1989 m), Col de la Forclaz de Queige (871 m), Col de Saises (1633 m), Col des Montets (1461 m), Col de la Forclaz (1526 m)
Wintersperren: Col du Grand St. Bernard von Oktober bis Mai, Col du Petit St. Bernard, Cormet de Roselend, Col de Méraillet und Col du Joly von November bis Juni. Für Cormet d'Arêches und Col du Pré gilt keine verbindliche Wintersperre, beide aber sind in der Regel zwischen November und Mai unpassierbar. Der Col de la Forclaz ist von Dezember bis März geschlossen.
Maut: ausschließlich mautfreie Strecken
Abstecher/Alternativrouten: Beginnend in Bourg Saint-Maurice führt eine »leicht geschotterte« Alternativroute zum Cormet de Roselend über die Passhöhen von Cormet d'Arêches und Col du Pré, die am Col de Méraillet zurück auf die Stammroute führt. Ein vor allem landschaftlich sehr schöner Abstecher führt kurz vor Beaufort auf die Passhöhe des Col du Joly. Einige Kilometer hinter Beaufort kann dann zwischen dem direkten Weg über den Col de Saises und der längeren Schleife über den Col de la Forclaz de Queige gewählt werden.
Abstecher ab Saint-Gervais zur Wallfahrtskirche Notre-Dame de la Gorge am Ende eines reizvollen Tales.
Ideale Reisezeit: Mai bis Oktober
Fahrerische Höhepunkte: In dieser Disziplin tun sich vor allem der Colle San Carlo und in direkter Folge der Col du Petit St. Bernard hervor. Doch abgesehen von einigen Kilometern im dafür landschaftlich reizvollen Aostatal mangelt es nirgendwo an tollen Kurvenstrecken.
Landschaftliche Höhepunkte: Auf dieser Runde setzt sich immer wieder einmal der Mont Blanc, der mit 4810 m höchste Berg der Alpen, eindrucksvoll in Szene. Die schönsten Aus- und Einblicke in die Alpenwelt rund um den Mont Blanc gibt es vom Col du Grand St. Bernard, vom Col du Petit St. Bernard und von der Passhöhe des Col du Joly.
Motorrad: Die durchgehend asphaltierte Stammroute ist für jeden Motorradtyp geeignet. Die teils geschotterte Alternativroute über Cormet d'Arêches und Col du Pré ist auch mit einer leichten Straßenmaschine fahrbar.
Fahrerischer Anspruch: Die Stammroute stellt auch weniger geübte Bergfahrer vor keinerlei Probleme. Die Abstecher und Alternativrouten (teils geschottert) sollten nur routinierte Bergfahrer in Angriff nehmen.
Übernachtung: Séez St. Bernard:
Hotel Belvedere,
Route du Col du Petit St. Bernard,
Tel. 0033/4/79068300,
E-Mail: info@hotelbelvedere.fr
Karten: Michelinkarte Regional Nr. 17 351 »Piemont – Aostatal«, Maßstab 1 : 200.000; Motorrad-Atlas »Alpenländer« von Hallwag, Maßstab 1 : 300.000

Blick vom Champex-Sattel über das Val d'Entremont mit der Nordrampe des Col du Grand St. Bernard.

Anbindung Zusatztour 40

In die große Runde nach Grenoble steigt man von den Zusatztouren 39 und 38 am besten bei Albertville ein. Den direktesten Anschluss an die Transalp-Tour 3 hat man in Saint-Jean-de-Maurienne.

Zwischen Albertville und Grenoble

Eine Reise in eine Alpenregion, die zwar seinerzeit zu olympischen Ehren kam, aber in weiten Teilen bis heute vom Sommertourismus relativ verschont geblieben ist. In Verbindung mit der grandiosen Landschaft rechts und links des Flusses Isère und den faszinierenden Bergstraßen bestehen beste Voraussetzungen für eine genussvolle und spannende Motorradtour.

Picknick auf Französisch. Das frische Baquette kommt gerade noch durch die letzte Kurve.

INFORMATION

Land/Region: Frankreich/Rhône-Alpes
Tourregion: Savoyen, Dauphiné und Isère
Start- und Zielort: Albertville. Zu erreichen aus Richtung Norden (Genf und Chamonix) über die Autobahn A 41 und aus Richtung Westen (Lyon) über die Autobahnen A 43 und A 430.
Streckenlänge: 397 km (inkl. Abstecher)
Zeitaufwand: Tages-/Zweitagestour (reine Fahrtzeit ca. 8 bis 9 Stunden)
Pässe und Bergstraßen: Col de Madeleine (1993 m), Col de la Croix de Fer (2068 m), Col du Glandon (1924 m), L'Alpe d'Huez (1860 m), Col Luitel (1262 m), Col de Porte (1326 m), Col du Cucheron (1139 m), Col du Granier (1164 m), Col de Plainpalais (1173 m), Col du Frêne (950 m)
Wintersperren: Col de Madeleine und Col de la Croix de Fer November bis Mai, Col du Glandon November bis April. Bei den übrigen Pässen muss zwischen November und Mai mit kurzzeitigen Sperrungen gerechnet werden.
Maut: ausschließlich mautfreie Strecken
Abstecher/Alternativrouten: statt unmittelbar zum Col du Glandon die Fahrt über St.-Jean-de-Maurienne und den Col de la Croix de Fer. Abstecher nach L'Alpe d'Huez, enorm kurvig und berühmt-berüchtigtes Etappenziel der Tour de France. Alternativ zum Col du Cucheron eine westlich verlaufende Schleife durch die Schluchten Gorges du Guiers Mort und Gorges du Guiers Vif.
Ideale Reisezeit: Wegen der Wintersperren der höheren Pässe ist diese Tour ohne Einschränkungen nur zwischen Ende Mai und Ende Oktober möglich.
Fahrerische Höhepunkte: Col de Madeleine und Col de la Croix de Fer, die Auffahrt nach L'Alpe d'Huez, der Col Luitel und der nachfolgende Streckenteil bis hinunter ins Tal der Isère; der Col du Frêne und der Schlussteil der Route über den Hang auf der Ostseite der Isère.
Landschaftliche Höhepunkte: Col de Madeleine, Col de la Croix de Fer, Col du Glandon, Col Luitel, Col du Cucheron und die Schluchten Gorges du Guiers Mort und Gorges du Guiers Vif sind die landschaftlich herausragenden Abschnitte dieser Tour, die aber fast ausnahmslos mit grandiosen Bergpanoramen zu begeistern weiß.
Motorrad: ohne Einschränkung für jeden Motorradtyp geeignet
Fahrerischer Anspruch: Auch für Fahrer mit weniger Bergerfahrung noch bedingt geeignet, Voraussetzung dafür ist eine gute fahrerische Kondition.
Übernachtung: Vaujany: Chalet Solneige, Lieu-dit de Pourchery, Tel. 0033/4/76798818, E-Mail: solneige@wanadoo.fr;
Valloire: Christiania Hotel, Avenue de la Vallée d'Or, Tel. 0033/4/79590057, E-Mail: info@christiania-hotel.com
Tourismus: Französisches Fremdenverkehrsamt Maison de la France, Zeppelinallee 37, 60325 Frankfurt/M., www.de.franceguide.com; www.rhonealpes-tourismus/de
Karten: Michelinkarten Nr. 18 333 »Französische Alpen Nord«, Maßstab 1 : 150.000 und Nr. 14 523 »Rhônetal – Französische Alpen, Maßstab 1 : 200.000; Motorrad-Atlas »Alpenländer« von Hallwag, Maßstab 1 : 300.000

Im Norden Savoyens sorgen die kräftigen Strahlen der Morgensonne für klare Verhältnisse.

Anbindung Zusatztour 41

Ab Lanslebourg-Mont-Cenis führt die 41 von der Transalp-Tour 3 östlich vorbei am Lac du Mont Cenis. Zurück auf die Transalp-Tour 3 geht es von der 41 dann wieder in Briançon.

Piemont und Savoyen

Bei dieser Reise durch die hochalpinen Landschaften Savoyens und des Piemont kommen die Freunde kurvigen Asphalts ebenso auf ihre Kosten wie die Fans grob geschotterten Geläufs. Und ganz gleich, wie der Untergrund gerade beschaffen ist, die landschaftlichen Eindrücke auf dieser Tour sind grandios.

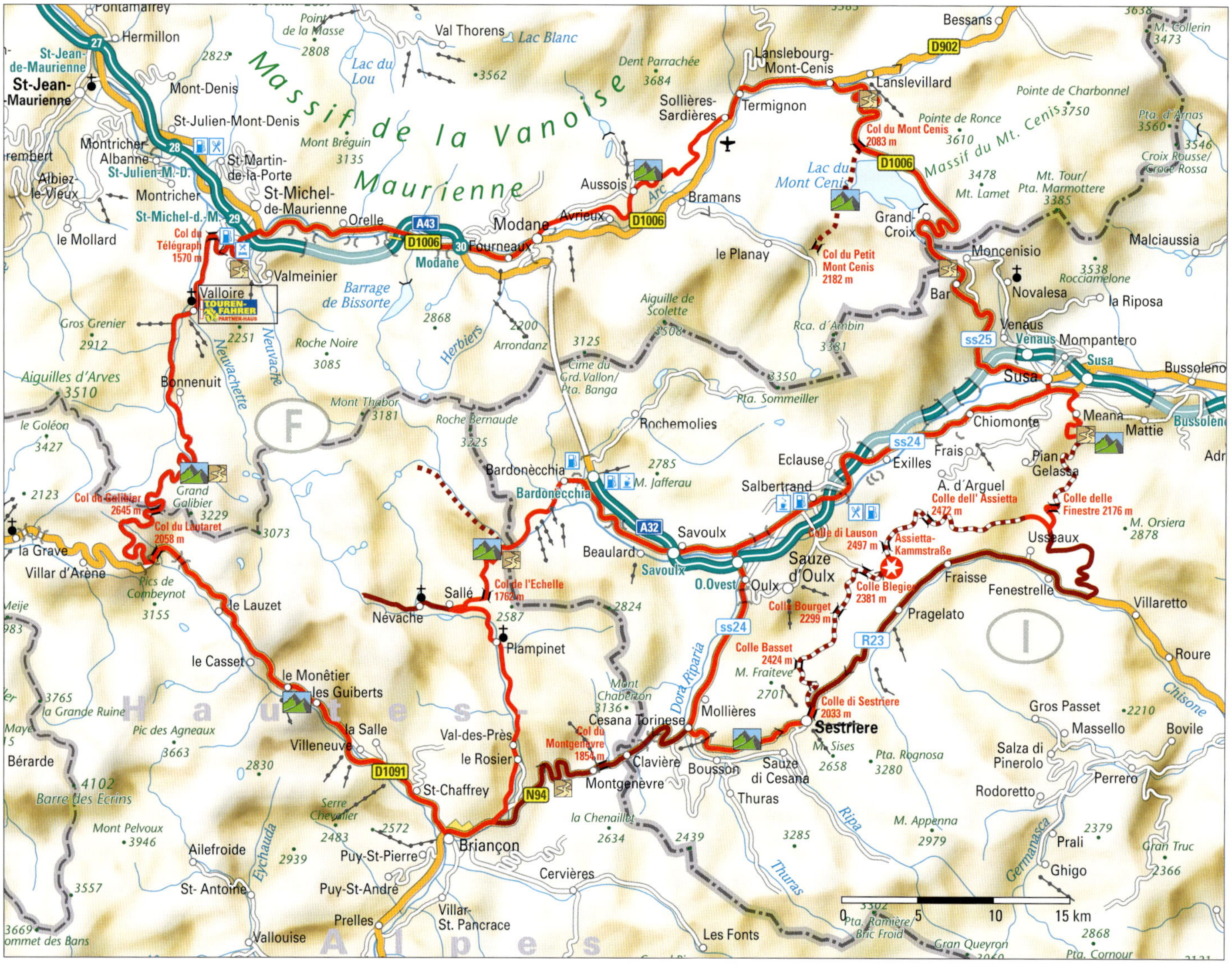

INFORMATION

Land/Region: Frankreich/Rhône-Alpes, Département Savoyen
Tourgebiet: Savoyen und Piemont
Start- und Zielort: Saint-Michel-de-Maurienne
Streckenlänge: 222 km (reine Asphaltrunde ohne Abstecher und alternative Schotterpisten)
Zeitaufwand: Tages-/Zweitagestour (reine Fahrtzeit ca.6 Stunden)
Pässe und Bergstraßen: Col du Mont Cenis (2083 m), Col du Petit Mont Cenis (2182 m), Col delle Finestre (2176 m), Colle dell'Assietta (2472 m), Colle di Lauson (2497 m), Colle Blegier (2381 m), Colle Bourget (2299 m), Colle Basset (2424 m), Col du Montgenèvre (1854 m), Col de l'Echelle (1762 m), Col du Lautaret (2058 m), Col du Galibier (2645 m), Col du Télégraph (1570 m)
Wintersperren: Col du Mont Cenis, Col delle Finestre und Col du Galibier von November bis Mai. Für Col du Petit Mont Cenis und Assietta-Kammstraße gibt es keine generelle Sperrung, aber sie sind in der Regel zwischen November und Mai nicht befahrbar. Col de l'Echelle von Oktober bis Mai.
Maut: ausschließlich mautfreie Strecken
Abstecher/Alternativrouten: Der Abstecher vom Lac du Mont Cenis zum Col du Petit Mont Cenis ist spannend und schön, jedoch nur Enduropiloten zu empfehlen. In Susa gilt es, sich für eine von drei möglichen Streckenvarianten zu entscheiden. Völlig schotterfrei ist nur die direkte Verbindung entlang der Bardonécchia durchs obere Susatal. Die Strecke hinüber ins Valle del Chisone ist im Bereich der Nordrampe des Col delle Finestre geschottert und sonst durchgehend asphaltiert. Wahre Schotterfreaks sollten sich die Fahrt über die Assietta-Kammstraße nicht entgehen lassen, und auch nicht den Abstecher in das malerische Alpental, der beim Ort Sallé, gleich hinter dem Col de l'Echelle beginnt.
Ideale Reisezeit: Mai bis Oktober
Fahrerische Höhepunkte: Hier muss bei dieser Tour zwischen Schotter und Asphalt unterschieden werden. Schotter betreffend liegen sie am Col du Petit Mont Cenis, dem Col delle Finestre und im Bereich der Assietta-Kammstraße. In Sachen Asphaltfreuden sind der Col du Galibier und sein nördlich gelegener Nachbar Col du Télégraph die Spitzenreiter.
Landschaftliche Höhepunkte: Auch hier sind der Col du Galibier und die Assietta-Kammstraße ganz besonders hervorzuheben. Landschaftlich sehr schön aber auch der Streckenabschnitt im Nordosten von Modane über Aussois, das auf einem Plateau über dem Tal der Arc liegt.
Motorrad: Wer die Schotteranteile dieser Tour so richtig genießen will, sollte eine Enduro fahren. Für geübte Bergfahrer kommt aber auch durchaus eine leichte Straßenmaschine in Betracht. Die durchgehend asphaltierte Stammroute ist für jeden Motorradtyp geeignet, lediglich auf dem Col de l' Echelle ist mit schweren Bikes eine behutsame Fahrweise angesagt.
Fahrerischer Anspruch: Diese Tour verlangt selbst unter Umgehung der Schotterpassagen einen geübten und routinierten Fahrer.
Übernachtung: Valloire: Christiania Hotel, Avenue de la Vallée d'Or, Tel. 0033/4/79590057, E-Mail: info@christiania-hotel.com
Karten: Michelinkarten Regional Nr. 14 523 »Rhônetal – Französische Alpen« und Nr. 17 351 »Piemont – Aostatal«, beide Maßstab 1 : 200.000; Motorrad-Atlas »Alpenländer« von Hallwag, Maßstab 1 : 300.000

Der Col du Galibier, ein Paradies für Motorradfahrer

Unterwegs am Col d'Izoard, dem landschaftlich beeindruckendsten Pass der Westalpen

Anbindung Zusatztour 42

Weit im Westen der Transalp-Tour 3 liegt die Zusatztour 42. Den schnellsten Einstieg hat man von der Zusatztour 40 kommend, die man in Grenoble verlässt. Los mit der 42 geht es dann in Villard-de-Lans.

Im wilden Vercors

Der Gebirgsstock des Vercors liegt ganz im Westen der französischen Alpen. Er schmückt sich mit Gipfeln bis zu rund 2350 m Höhe und tiefen, schroffen Tälern. Dieses schwer zugängliche Gebiet konnte einst nur durch aufwendige Straßenbauten für den Verkehr erschlossen werden. Galerien wurden in senkrechte Felswände gesprengt, und es entstand ein wahres Sammelsurium an äußerst spannend zu fahrenden Passstraßen.

Auf dem Col de Rousset dem Blau des Himmels entgegen.

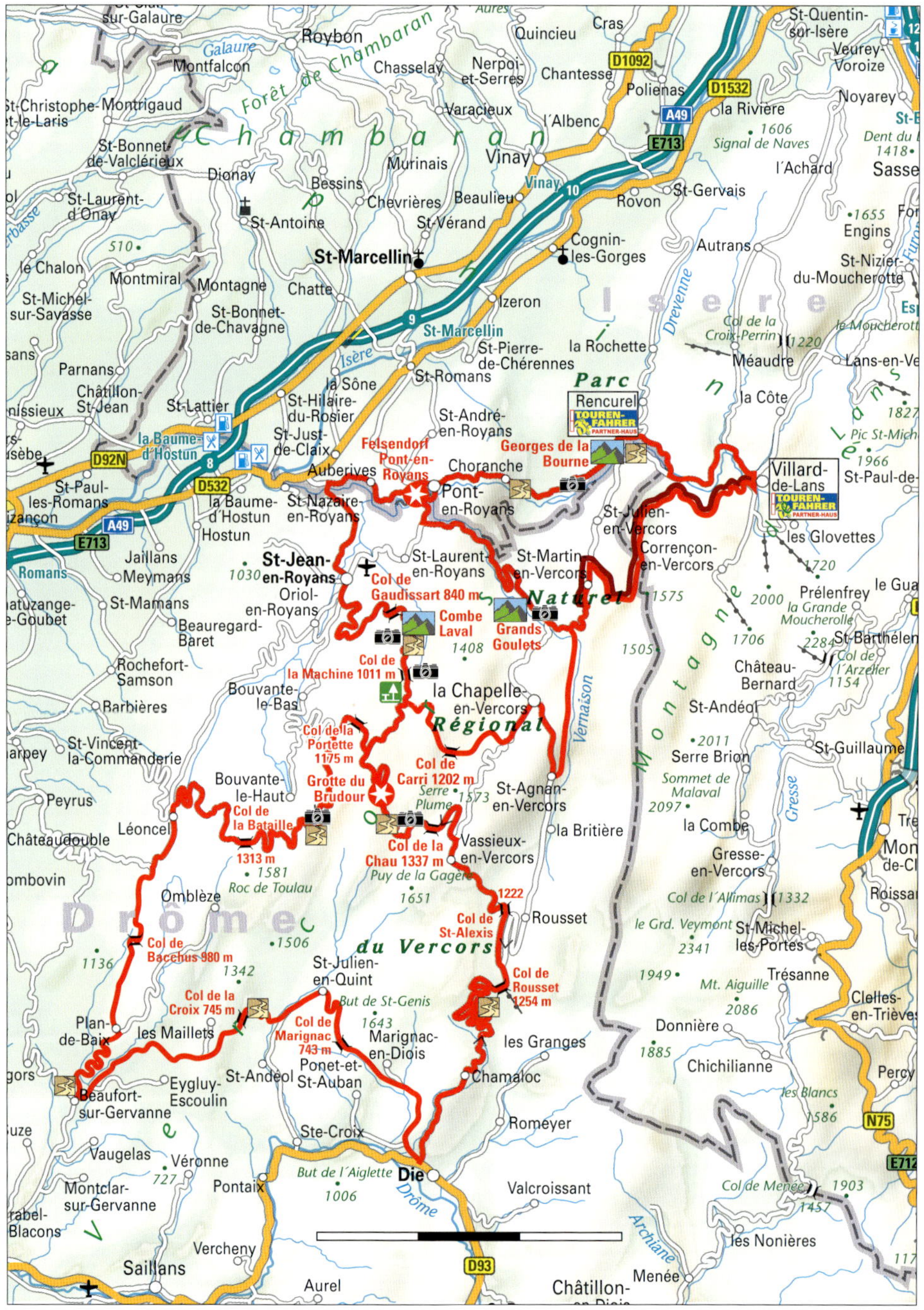

INFORMATION

Land/Region: Frankreich/Vercors
Start- und Zielort: Villard-de-Lans
Anreise: Von Norden kommend über die Schweizer Autobahnen nach Genf und weiter über Annecy und Chambery bis Grenoble. Dann entweder über den Grenobler Stadtteil Seyssinet nach Lans-en-Vercors (D 106) oder über Sassenade (N 532)/Lansen-Vercors (D 531) nach Villard-de-Lans.
Streckenlänge: 243 km
Zeitaufwand: Tagestour (reine Fahrtzeit ca. 6 bis 7 Stunden)
Pässe und Bergstraßen: Col de Gaudissart (840 m), Col de la Machine (1011 m), Col de la Portette (1175 m), Col de la Bataille (1313 m), Col de Bacchus (980 m), Col de la Croix (745 m), Col de Marignac (743 m), Col de Rousset (1245 m), Col de St.-Alexis (1227 m), Col de la Chau (1337 m), Col de Carri (1202 m)
Wintersperren: Festgeschriebene Wintersperren für die genannten Pässe gibt es nicht. Jedoch muss auf den Pässen jenseits der 1000-m-Grenze zwischen November und April jederzeit mit witterungsbedingten Sperrungen gerechnet werden.
Maut: ausschließlich mautfreie Strecken
Ideale Reisezeit: Ende April bis Mitte Juli, Ende August bis Mitte November. Der August, Ferienzeit in Frankreich, sollte wegen des deutlich höheren Verkehrsaufkommens nach Möglichkeit gemieden werden.
Fahrerische Höhepunkte: Die Felsenschlucht Gorges de la Bourne, die Route Combe Laval und die Rampen ausnamslos aller Pässe auf dieser Runde.
Landschaftliche Höhepunkte: Combe Laval, eine in den Fels gehauene Straße zwischen den Pässen Col de Gaudissart im Norden und dem Col de la Machine im Süden; die Felsenschluchten Gorges da la Bourne und Grands Goulets; das Felsendorf Pont-en-Royans und die Grotte du Brudour.
Motorrad: Ohne Einschränkung für jeden Motorradtyp geeignet.
Fahrerischer Anspruch: Auch für Fahrer mit weniger Bergerfahrung geeignet. Die wegen vieler unübersichtlicher Engstellen und insgesamt sehr geringer Fahrbahnbreiten recht anspruchsvolle Strecke erfordert jedoch eine gute fahrerische Kondition.
Übernachtung: Villard-de-Lans: Hotel Les Bruyères, 31, rue Victor Hugo, Tel. 0033/4/76951183, E-Mail: hotelbruyeres@club-internet.fr
Rencurel: Hôtel le Marronnier, Tel. 0033/4/76389768, E-Mail: info@hotellemarronnier.com
Tourismus: Office de Tourisme de Villard-de-Lans, 101 Place Mure-Ravaud, F-38250 Villard-de-Lans, Tel. 0033/4/76951038, E-Mail: ot.info@villarddelans.com; www.vercors-tourisme.fr, interessante Seite, leider nicht in Deutsch, aber schöne Bilder, Videoclips und Webcams
Karten: Michelinkarten Nr. 14 523 »Rhônetal – Französische Alpen«, Maßstab 1 : 200.000 und Karte Nr. 18 333 »Französische Alpen – Süd«, Maßstab 1 : 150.000

Fahrt durchs wilde Vercors, Tiefblick inklusive

Anbindung Zusatztour 43

Im Dreieck von Zusatztour 42, Zusatztour 40 und der Transalp-Tour 3 liegt die Zusatztour 43. Von der 42 kommend, steigt man am besten bei Monestier-de-Clermont oder südlich bei Châtillon-en-Diois ein. Die schnellste Anbindung an die 40 erzielt man bei La Mure. Von der Transalp-Tour 3 erreicht man die 43 über Briançon Embrun und Gap vorbei am Lac de Serre-Ponçon.

Dévoluy – ein Geheimtipp

Achtung Suchtgefahr – daher unser Rat: Falls Sie diese Tour durch Dévoluy und Vercors ins Auge gefasst haben sollten, so planen Sie gleich einmal ein paar Tage mehr ein. Die Landschaft und das Kurvenangebot begeistern dermaßen, dass ein Weiterziehen unweigerlich mit Entzugserscheinungen einhergeht.

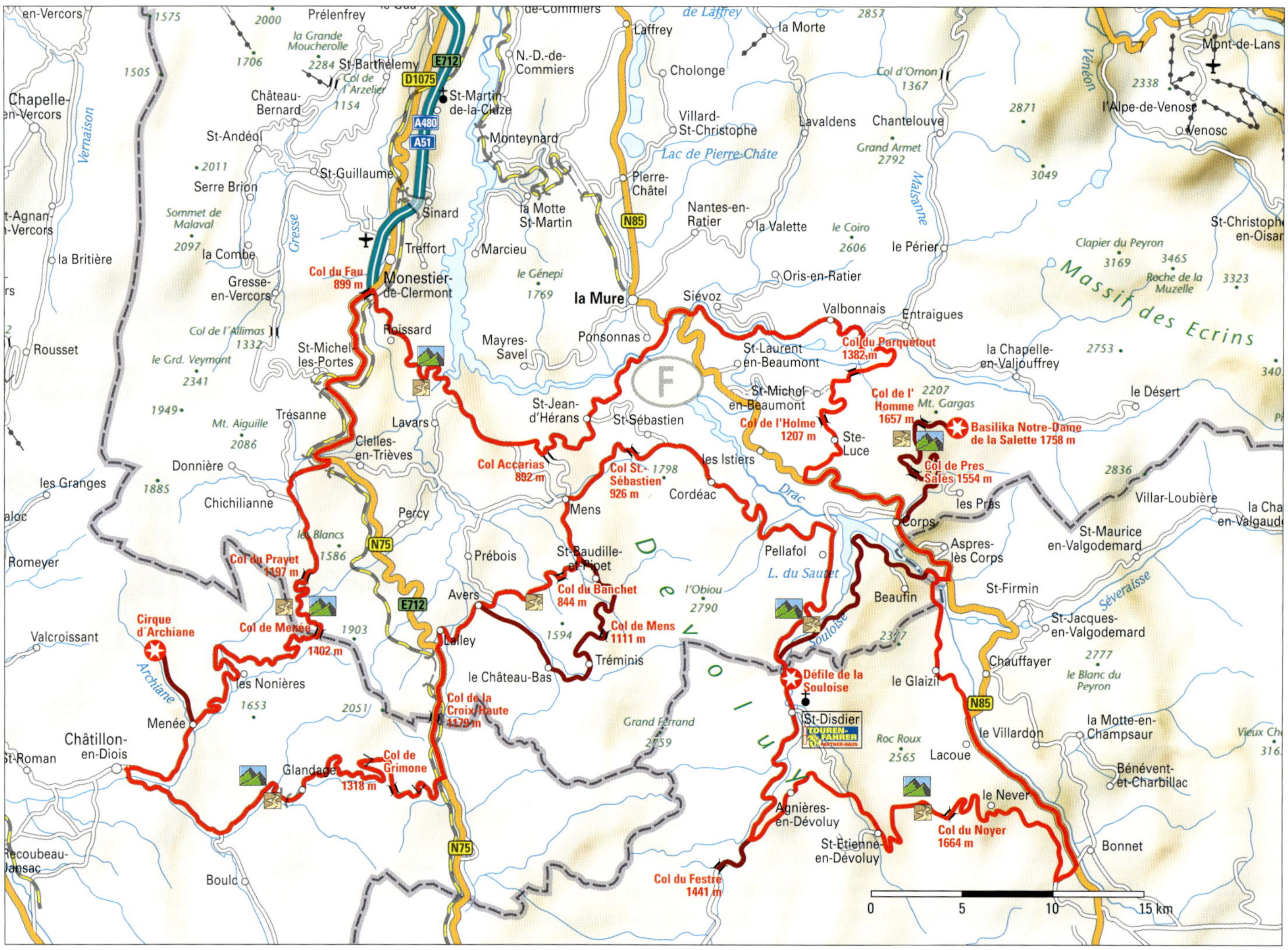

INFORMATION

Land/Region: Frankreich/Hautes Alpes/ Drôme/ Dévoluy und Vercors
Start- und Zielort: St.-Disdier
Anfahrt: Ab Grenoble der Nationalstraße Nr. 85 in südlicher Richtung bis Corps folgen. Von dort sind es ca. 17 km über die Departementstraße Nr. 537 durch das Défilé de la Souluise bis nach St.-Disdier. Die Tour beginnt beim dortigen TF-Partnerhaus. Da es sich um eine Rundreise handelt, kann der Start jedoch auch an jedem beliebigen anderen Punkt der Strecke erfolgen.
Streckenlänge: 264 km (ohne Abstecher)
Zeitaufwand: Tagestour (reine Fahrtzeit ohne Abstecher ca. 5 Stunden)
Pässe und Bergstraßen: Col du Festre (1441 m), Col du Noyer (1664 m), Col de Pres Salés (1554 m), Col de l'Homme (1657 m), Hochplateau Basilika Notre-Dame de la Salette (1758 m), Col de l'Holme (1207 m), Col du Parquétout (1382 m), Col Accarias (892 m), Col du Fau (899 m), Col du Prayet (1197 m), Col de Menée (1402 m), Col de Grimone (1318 m), Col de la Croix-Haute (1179 m), Col du Banchet (844 m), Col de Mens (1111 m), Col St.-Sébastien (926 m)
Wintersperren: Col du Noyer November bis Mai, für die übrigen Pässe gelten keine regelmäßigen Wintersperren.
Maut: ausschließlich mautfreie Strecken
Abstecher/Alternativen: Notre-Dame de la Salette: kurvige Auffahrt zu einem der wichtigsten Marienwallfahrtsorte Frankreichs mit sehenswerter Basilika und Klosteranlage – tolle Ausblicke inklusive. In Ménée Abstecher zum Cirque d Archiane, einem imposanten Felsenkessel. Alternativroute zwischen Aves und Mens über Tréminis, ebenso schön, aber etwas länger als die Standardroute.
Ideale Reisezeit: Frühling und Herbst, dann scheinen das Dévoluy und der angrenzende Teil des Vercors vom Tourismus fast vergessen. Ganz anders ist dies im Sommer während der Zeit der französischen Ferien.
Fahrerische Höhepunkte: Col du Noyer, Col de Pres Salés, Col de l'Homme, Col Accarias, Col du Fau, Col du Prayet, Col de Ménée, Gorges des Gats, Col de Grimone, Col du Banchet, Col de Mens, Col St.-Sébastien
Landschaftliche Höhepunkte: Col du Noyer, Hochplateau Basilika Notre-Dame de la Salette, Col Accarias, Col du Prayet, Col de Ménée, Cirque d Archiane, Gorges des Gats, Col St.-Sébastien, Défilé de la Souluise
Motorrad: ohne Einschränkung für jeden Motorradtyp geeignet
Fahrerischer Anspruch: Diese Tour ist auch für wenig geübte Bergfahrer stressfrei zu realisieren, jedoch sollten ausreichend Pausen eingeplant werden, da die tatsächlich unentwegt kurvigen und teils aber auch schmalen Straßen konditionell sehr anspruchsvoll sind.
Übernachtung: Hotel La Neyrette in St.-Disdier, Familie Muzard, Tel. 0033/4/92588117, Fax /92588995, E-Mail: la-neyrette@motor-bike-hotels.com. Die Gastgeber sprechen Deutsch.
Karten: Michelinkarte Nr. 332, Französische Departements »Drôme, Vaucluse« Maßstab 1 : 150.000; Motorrad-Atlas »Alpenländer« von Hallwag, Maßstab 1 : 300.000

Das Dévoluy in der Region Hautes Alpes gilt immer noch als Geheimtipp.

Anbindung Zusatztour 44

Von der Zusatztour 41 aus kommend, kann man in Briançon der Zusatztour 44 folgen. Ihr Verlauf deckt sich bis auf einen Abstecher nach Barcelonnette eine ganze Weile mit dem der Transalp-Tour 3.

Vom Col du Galibier südwärts

Die Überschriften aller drei oben genannten TF-Reportagen zusammengenommen bringen es genau auf den Punkt: Der Kurventanz ist oft noch wilder als ein Rock n' Roll, die Landschaft bereitet unentwegt Grand Plaisir, großes Vergnügen, und Rauschbefriedigung ist die Fahrt über die legendäre Route des Grandes Alpes auf jedem Kilometer.

Die Festungsstadt Briançon

INFORMATION

Land/Region: Frankreich/Savoyen/ Alpes de Haute-Provence
Startort: St. Michel-de-Maurienne
Zielort: Barcelonnette
Streckenlänge: 159 km (ohne Abstecher und Alternativen)
Zeitaufwand: Tagestour (reine Fahrtzeit ca. 4 Stunden). Trotz relativ weniger Kilometer sollte für diese Etappe über die legendäre Route des Grandes Alpes ein ganzer Tag eingeplant werden. So bleibt ausreichend Zeit für viele Stopps bei landschaftlichen und sonstigen Highlights.
Anreise: St. Michel-de-Maurienne liegt im Tal des Arc. Die kürzeste Anreise von Norden führt durch die Schweiz bis Genf und weiter über Annecy, Chambéry und von dort über die A 43 Richtung Tunnel de Fréjus.
Pässe und Bergstraßen: Col du Télégraphe (1566 m), Col du Galibier (2642 m), Col du Lautaret (2057 m), Col d'Izoard (2361 m), Col de Vars (2111 m), Col de Chérine (2270 m), Col de Pontis (1301 m)
Wintersperren: Col du Galibier und Col de Chérine Oktober bis Juni, Col d'Izoard November bis Juni. Col du Lautaret und Col de Vars je nach Witterung kurzfristige Sperrungen möglich
Maut: ausschließlich mautfreie Strecken
Abstecher: von Guillestre über Risoul zum Col de Chérine. Vom Lac de Serre-Poncon (auf der Alternativroute) zum Hochpunkt Cirque du Bragousse
Ideale Reisezeit: Wer sichergehen will, dass alle Pässe offen sind, muss diese Tour für die Sommermonate planen. Wenn auch mit dem Risiko der Pässesperrung behaftet, so ist bei anhaltendem Hochdruckwetter der frühe Herbst zu empfehlen. Dann zeigt sich die atemberaubende Landschaft der Westalpen von ihrer schönsten Seite.
Fahrerische Höhepunkte: Col du Télégraphe, Col du Galibier, Col du Vars, Col de Chérine
Landschaftliche Höhepunkte: Col du Galibier, die wilde Schönheit der Casse Déserte, in Form und Farbe einmaliger Felsformationen am Col d'Izoard, und der Lac de Serre-Poncon
Motorrad: ohne Einschränkung für jeden Motorradtyp geeignet
Fahrerischer Anspruch: Die Abstecher setzen etwas Bergerfahrung voraus. Die Basisroute ist auch von wenig geübten Bergfahrern zu bewältigen.
Übernachtung: Valloire: Cristiana Hotel, Avenue de la Vallée d Or, Tel. 0033/4/79590057
Saint Pons/Barcelonnette: L'Éscale en Ubaye, Tel. 0033/4/92812682
Tourismus: www.route-grandes-alpes.com. Einen kostenlosen Flyer mit Infos zur Route des Grandes Alpes und nützlichen Adressen entlang der Route gibt es bei:
Bureau Info Montagne, BP 227,
F-38019 Grenoble Cedex,
Tel. 0033/4764245 90,
E-Mail: infos.montagne@grande-traversee-alpes.com.
Karten: Michelinkarten Nr. 14 523 »Rhônetal/ Französische Alpen« und 14 527 »Provence-Alpes/Côte d'Azur«, beide Maßstab 1 : 200.000;
Motorrad-Atlas »Alpenländer« von Hallwag, Maßstab 1 : 300.000

Die Casse Déserte, »zerhackte Wüste«, auf der Südseite des Col d'Izoard

Anbindung Zusatztour 45

Einen Abstecher nach Osten unternimmt man mit der Zusatztour 45 von der Transalp-Tour 3 aus zwischen Arvieux und Les Gleizolles. Hier trifft die 45 auch jeweils mit der Zusatztour 44 zusammen.

Von Guillestre durchs Piemont

Diese spannende Runde, grenzüberschreitend zwischen Frankreich und Italien gelegen, beginnt im rund 1000 m hoch gelegenen Städtchen Guillestre, der Hochdauphiné zugehörig. Mit dem 2746 m hohen Col Agnel, der höchsten grenzüberschreitenden Passstraße der Alpen, steht schon bald ein erster fahrerischer und landschaftlicher Tourhöhepunkt an. Und die Landschaft bleibt beeindruckend. Doch obwohl asphaltiert, ist der direkte Weg über die dann folgenden Pässe eher etwas für Enduros. Für Straßenbikes bieten sich jedoch reizvolle Umwege an. Auf dem Col de Larche und Col de Vars ist dann zum Schluss wieder Spaß für alle Motorradgattungen angesagt.

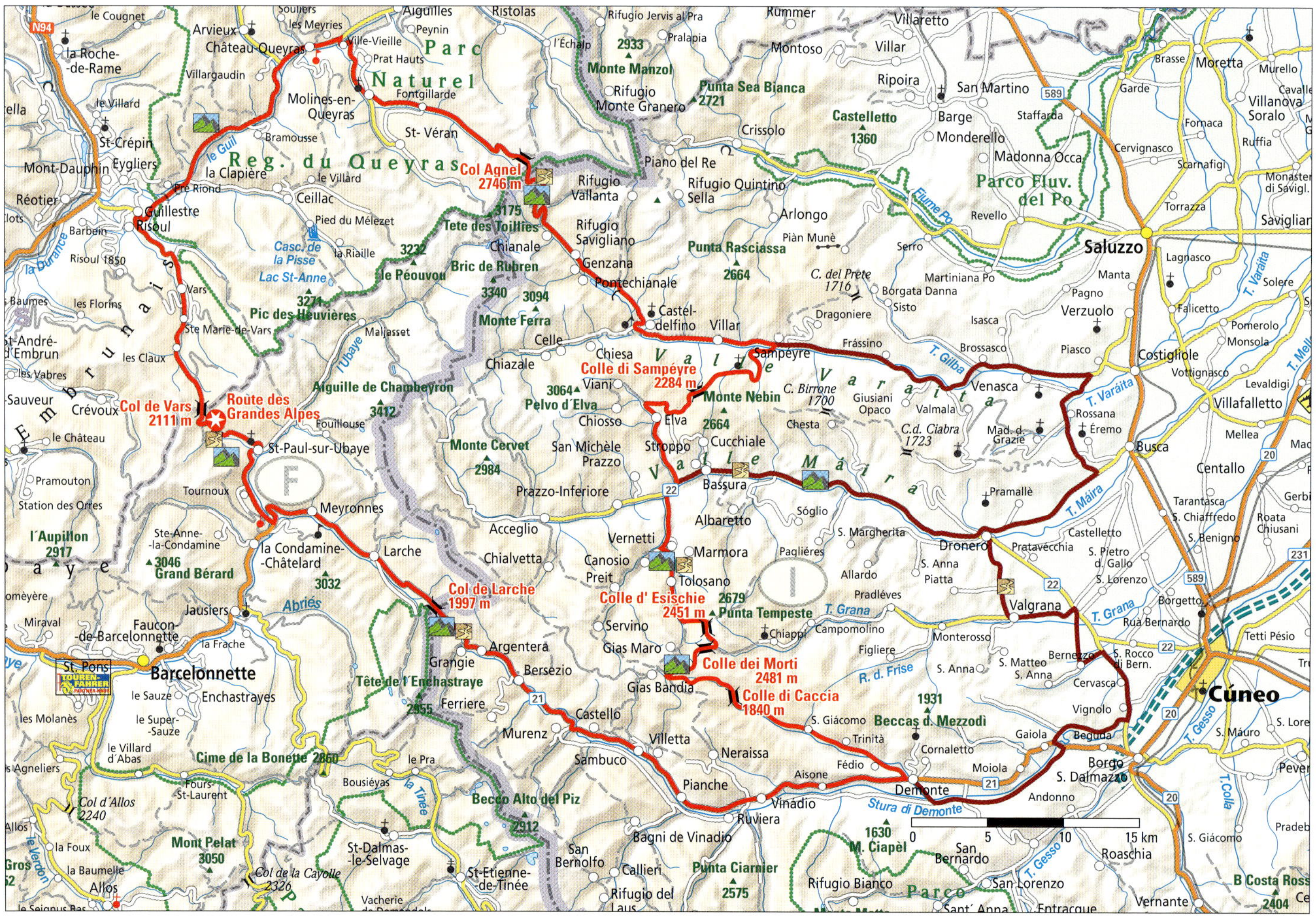

INFORMATION

Land/Region: Frankreich/Provence Alpes
Tourregion: Frankreich/Hochdauphiné/-Provence Alpes/Côte d'Azur und Italien/Piemont
Start- und Zielort: Guillestre
Anreise: von der Schweiz über Genf kommend: Annecy, Chambery, Modane, Tunnel de Fréjus, Briançon, Guillestre. Von Italien über Turin kommend: Susa, Col du Mont Genèvre, Briançon, Guillestre
Streckenlänge: 234 km (Standardroute) 240 km (Alternativroute)
Zeitaufwand: Tages-/Zweitagestour, reine Fahrtzeit ca. 7 Stunden (Alternativr. 6 Stunden)
Pässe und Bergstraßen: Col Agnel (2746 m), Colle di Sampéyre (2284 m), Colle d'Esischie (2451 m), Colle dei Morti (2481 m), Colle di Caccia (1840 m), Col de Larche (1997 m), Col de Vars (2111 m)
Wintersperren: Für Col de Vars und Col de Larche gilt keine grundsätzliche Wintersperre. Für alle übrigen Pässe gilt die offizielle Wintersperre von November bis Juni. Jedoch sind Col Agnel, Colle d'Esischie und Colle dei Morti nur mit viel Glück im Oktober noch offen und befahrbar anzutreffen.
Maut: ausschließlich mautfreie Strecken
Alternativrouten: Die Fahrt über den Colle di Sampéyre und erst recht über die drei Pässe Colle d'Esischie, Colle dei Morti und Colle di Caccia ist wegen der schmalen Fahrbahn und des teils sehr schlechten Fahrbahnzustandes mühsam und zeitaufwendig. Lenkern von Straßenmotorrädern empfiehlt sich die weiter östlich verlaufende Alternativroute.
Ideale Reisezeit: Wegen der langen Wintersperren bleibt nur ein recht kleines Zeitfenster von etwa Mitte Juli bis Ende September.
Fahrerische Höhepunkte: Col Agnel, Colle di Sampéyre, Dronero – Valgrana, Col de Larche, Col de Vars
Landschaftliche Höhepunkte: Col Agnel, Colle di Sampéyre, Valle Máira, Colle d'Esischie, Colle dei Morti, Col de Vars
Motorrad: Ideal für die Standardroute ist eine Reise-Enduro. Für Straßenmotorräder empfehlen sich eher die Alternativrouten.
Fahrerischer Anspruch: Schmale Fahrbahn, steile und enge Kehren sowie ein teilweise sehr schlechter Zustand der Asphaltdecke bedingen einen hohen fahrerischen Anspruch. Keine Tour für unerfahrene Bergfahrer!
Übernachtung: In St. Pons bei Barcelonnette L'Escale en Ubaye, Paula und Hans van den Meer, Tel. 0033/4/92812682, E-Mail: escale-en-ubaye@wanadoo.fr, www.escale-en-ubaye.com
Karten: Michelinkarten Nr. 14 523 »Rhônetal – Französische Alpen« und Nr. 14 527 »Provence – Alpes – Côte d Azur«, beide Maßstab 1 : 200.000 sowie Nr. 11 561 »Aostatal – Piemont – Lombardei«, Maßstab 1 : 400.000, Motorrad-Atlas »Alpenländer« von Hallwag, Maßstab 1 : 300.000

Wo Provence Alpes, Côte d'Azur und Piemont zusammentreffen

Einen Helm zu tragen ist
unter den Felsen der Gorges
du Cians durchaus von Vorteil.

Anbindung Zusatztour 46

Westliche Abstecher von der Transalp-Tour 3 aus unternimmt man mit der Zusatztour 46 bei Jausiers und bei Puget-Théniers. Außerdem besteht eine direkte Anbindung an die Zusatztour 44 bei Barcelonnette.

Pässe und Schluchten

Auf dieser Tour in den französischen Westen geht es im wahrsten Sinne des Wortes drunter und drüber – in den beeindruckendsten Schluchten der Alpen, wo rote und graue, senkrecht stehende Felswände Fluss und Straße nur den allernötigsten Raum lassen, und auf den höchsten und imposantesten Pässen der Region, wo die Augen sich unentwegt in der Ferne verlieren.

Enge Gassen in St. Etienne de Tinée

INFORMATION

Land/Region: Frankreich/Alpes de Haute-Provence
Startort: Barcelonnette
Anreise: A 43/A 48 von Lyon oder A 41 von Genf nach Grenoble, D 85 Gap/Tallard, D 900B/D 900 Barcelonnette
Zielort: St. Sauveur-sur-Tinée
Land/Region: Frankreich/Alpes Maritimes
Streckenlänge: 340 km
Zeitaufwand: Tages-/ Zweitagestour (reine Fahrtzeit ca. 8 Stunden)
Pässe und Bergstraßen: Col d'Allos (2240 m), Col du Champs (2191 m), Col de la Cayolle (2327 m), Col de Restefond (2676 m), Col de la Bonette (2715 m)
Wintersperren: Der Winter hält die hohen Pässe der Westalpen leider sehr lange in seinen kalten Fängen. Eine Garantie für offene Pässe gibt es eigentlich nur in den Monaten Juli bis September.
Maut: ausschließlich mautfreie Strecken
Ideale Reisezeit: Wegen der langen Wintersperren der Pässe bleiben nur die Monate Juli bis September.
Fahrerische Höhepunkte: Col d'Allos, Col du Champs, Col de la Cayolle, Col de Restefond, Col de la Bonette und der Streckenabschnitt südlich Guillaumes bis zum Endpunkt in St. Sauveur-sur-Tinée
Landschaftliche Höhepunkte: So eindrucksvoll die Pässe dieser Tour wie Col de la Cayolle und Col de la Bonette auch sind, die wirklichen Highlights sind diesmal die Schluchten, Gorges genannt. Im Norden des Tourgebietes sind es die Gorges du Bachelard und im Süden die unvergleichlich schönen Gorges du Cians und Gorges de Dalúis.
Motorrad: ohne Einschränkung für jeden Motorradtyp geeignet
Fahrerischer Anspruch: bei guter fahrerischer Kondition auch durchaus für weniger bergerfahrene Fahrer geeignet
Übernachtung: St. Pons: L'Escale en Ubaye, Tel. 0033/4/92812682; Beauvezer: Hotel Le Bellevue, Tel. 0033/4/92835160; Valberg: Hotel Le Chastellan, Tel. 0033/4/93025741
Tourismus: www.route-grandes-alpes.com. Einen kostenlosen Flyer mit Infos zur Route des Grandes Alpes und nützlichen Adressen entlang der Route gibt es bei: Bureau Info Montagne, BP 227, F-38019 Grenoble Cedex, Tel. 0033/476424590, E-Mail: infos.montagne@grande-traversee-alpes.com. www.frankreich-auf-einen-blick.de/provence/alpes-maritimes, Internetseite mit sämtlichen Adressen der örtlichen Fremdenverkehrsämter und deren Links
Karten: Michelinkarte Regional Nr. 14 527 »Provence-Alpes/Côte d Azur«, Maßstab 1 : 200.000; Michelin-Karte Local Nr. 18 340 »Provence-Alpes/Côte d'Azur« und 18 341 »Französische Riviera/Seealpen«, Maßstab 1 : 150.000; Motorrad-Atlas »Alpenländer« von Hallwag, Maßstab 1 : 300.000

In den roten Felsen der Gorges Supres du Cians

Anbindung Zusatztour 47

Direkt anknüpfen an die Zusatztour 46 kann man mit der Zusatztour 47 in Entrevaux. Die Transalp-Tour 3 quert die Zusatztour 47 bis hinunter nach Genua insgesamt zehnmal. Sie bietet sich als längere Alternativroute zur Transalp-Tour 3 an – für alle, die mehr Zeit haben und von Kurven und Landschaft nicht genug bekommen können.

Provence – Berge und Meer

Geradeaus geht es bei dieser Tour durch die Berge im südöstlichsten Zipfel Frankreichs fast nirgendwo – was will man mehr! Nicht umsonst findet hier die wohl berühmteste Rallye der Welt, die »Monte«, statt. Doch der Schönheit der Landschaft wegen sollte man mit Weile eilen.

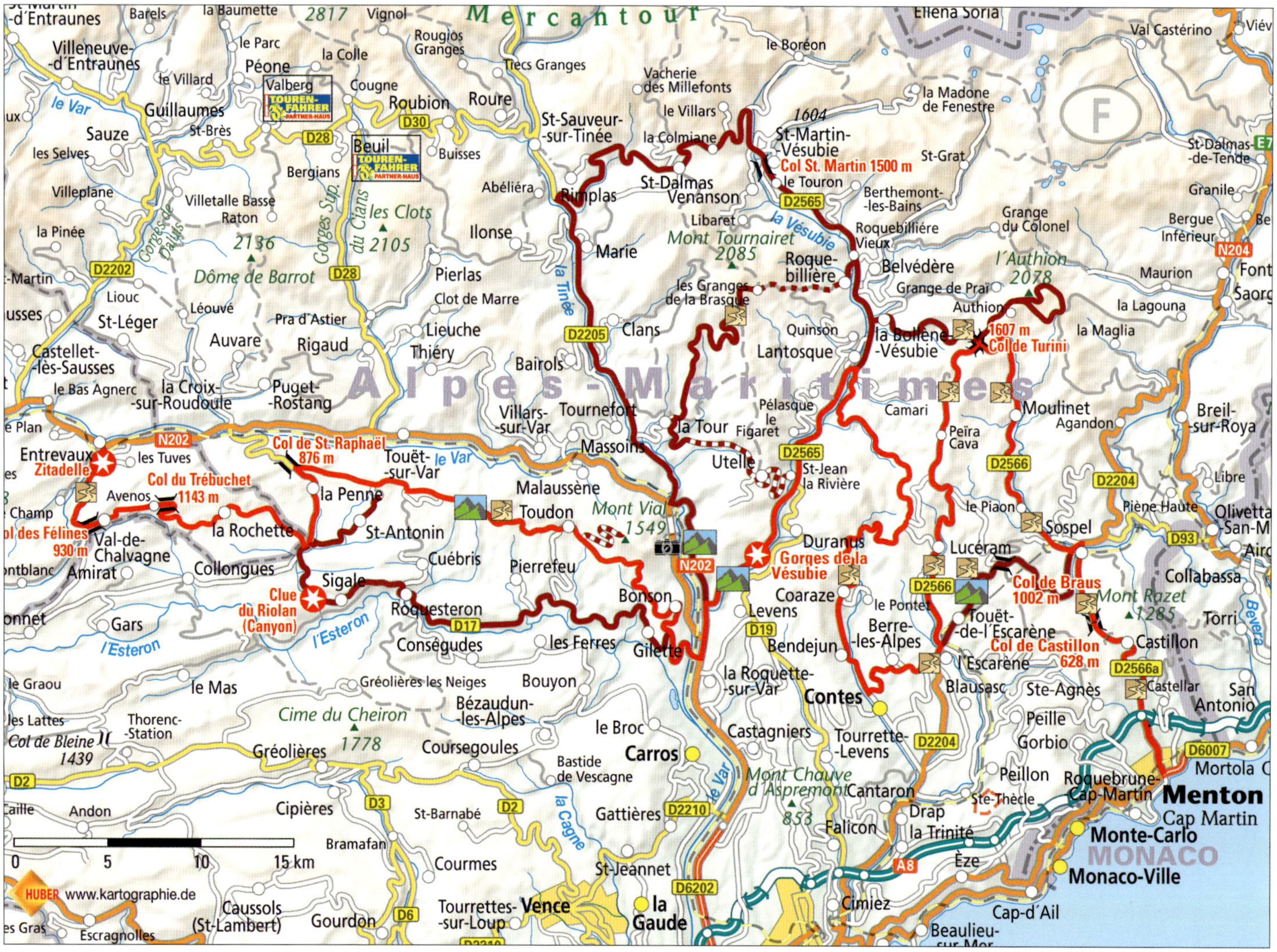

INFORMATION

Land/Region: Frankreich/Alpes-de-Haute-Provence/Alpes-Maritimes/Côte d'Azur
Startort: Entrevaux
Zielort: Menton
Streckenlänge: 358 km
Zeitaufwand: Tages-/Zweitagestour (reine Fahrtzeit ca. 8 Stunden)
Pässe und Bergstraßen: Col des Félines (930 m), Col du Trébuchet (1143 m), Col de St. Raphaël (876 m), Bergstraße (Naturstraße) zum Mont Vial (1549 m), Colett des Sauses (629 m), Col St. Martin (1500 m), Col d Andrion (1681 m), Col de Turini (1607 m), Col de Braus (1002 m), Col de Castillon (628 m)
Wintersperren: keine generellen Wintersperren, bedarfsweise Sperrungen abhängig von der Wetterlage
Maut: ausschließlich mautfreie Strecken
Abstecher/Alternativrouten: Auffahrt (Naturstraße) zum 1549 m hohen Mont Vial; D 17 über Roquesteron nach Gilette (an der Route der Canyon Clue du Riolan); von Roquebillière über den Col d'Andrion (teilweise Naturstraße) nach Tour und von dort weiter nach Utelle, dort Abstecher zur Wallfahrtskirche Madone d'Utelle (1174 m); Ringstraße (D 68) um das Fort Mille Fourches, ausgehend vom Col de Turini
Ideale Reisezeit: Anfang Frühling bis zum Frühsommer und dann wieder im Herbst/Spätherbst
Fahrerische Höhepunkte: Gibt es unentwegt. Besonders herausragend: D 911/D 10 zwischen Entrevaux und la Rochette; Kammstraße D 27 zwischen Ascros und Einmündung in die D 17 nahe Gilette; Col de Turini, alle drei Auf- bzw. Abfahrten; Col de Braus
Landschaftliche und kulturelle Höhepunkte: Entrevaux (mittelalterliches Ortsbild); Col du Trébuchet mit Montagne de Gourdan; Canyon Clue du Riolan; Kammstraße D 27 zwischen Ascros und Einmündung in die D 17 nahe Gilette; Mont Vial; Bergdorf Tour und Umgebung; Utelle und Wallfahrtskirche Madone d'Utelle mit grandioser Aussicht; Gorges de la Vésubie
Motorrad: ohne Einschränkung für jeden Motorradtyp geeignet
Fahrerischer Anspruch: Ein Mindestmaß an Bergerfahrung sollte schon sein. Die Straßen sind teils sehr schmal und werden in der Zeit der Sommerhitze häufig mit Split überstreut. Zudem erfordern die vielen Kehren, wie z. B. am Col de Turini, eine gute fahrerische Kondition. Auf den Alternativrouten gibt es zudem einige nicht asphaltierte Abschnitte.
Übernachtung:
Beuil-Valberg: Hotel Relais de Bellevue, Boulevard Marcel Pourchier, Tel. 0033/4/93023004
Valberg: Hotel Le Chastellan, Rue Saint-Jean, Tel. 0033/4/93025741
etwas weiter nordwestlich in Beauvezer: Hotel Le Bellevue, Place du Village, Tel. 0033/4/92835160
Tourismus: www.frankreich-auf-einen-blick.de/provence/alpes-maritimes, Internetseite mit sämtlichen Adressen der örtlichen Fremdenverkehrsämter und deren Links
Karten: Michelinkarte Regional Nr. 14 527 »Provence-Alpes/ Côte d Azur«, Maßstab 1 : 200.000; Michelinkarte Local Nr. 18 340 »Provence-Alpes/ Côte d'Azur« und Nr. 18 341 »Französische Riviera/ Seealpen«, Maßstab 1 : 150.000

Der Col de Turini, ein Meisterwerk der Straßenbaukunst

Anbindung Zusatztour 48

Über die Transalp-Tour 3 kommend findet die Zusatztour 48 in Sospel einen eigenen Weg in weitem Bogen nach Norden hinab zum Meer nach Genua, wo auch die Transalp-Tour 3 endet. In Sospel schneidet die 48 zudem die Zusatztour 47. Eine interessante Verbindung bietet sich auch zur Zusatztour 45 südlich vorbei an Cueno.

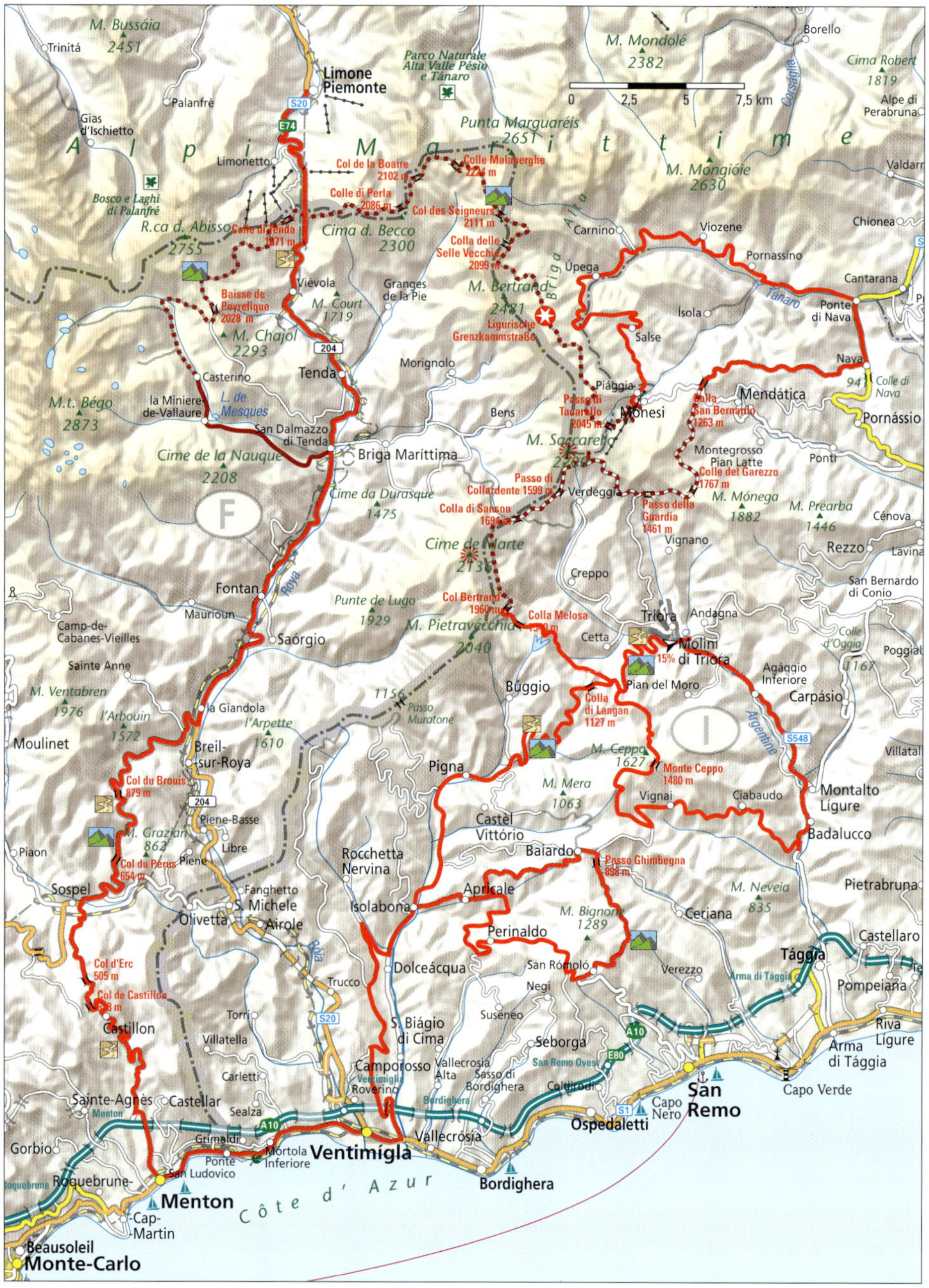

Seealpen und Ligurische Alpen

Eine wunderbare Tour für die Enduro-Fraktion. Sie führt über die Ligurische Grenzkammstraße. Aber bitte nur losfahren, wenn Sie absolut schwindelfrei sind und sich mit losem Geröll, tiefen Auswaschungen und mächtigen Felsstufen auskennen. Dafür, dass Bikerherzen höherschlagen, sorgen aber auch die Asphaltanteile der Tour.

Künstlerdorf Castillon am gleichnamigen und südlichsten Pass der Route des Grandes Alpes

INFORMATION

Land/Region: Italien/Piemont
Tourgebiet: auf italienischem Boden Piemont und Ligurien und Provence-Alpes-Côte d'Azur auf französischem Staatsgebiet
Start- und Zielort: Limone Piemonte
Streckenlänge: rund 307 km
Zeitaufwand: Zwei-/Dreitagestour (reine Fahrtzeit ca. 14 Stunden – hoher Schotteranteil!)
Pässe und Bergstraßen: Colle di Tenda (1871 m), Colle di Perla (2086 m), Col de la Boaire (2102 m), Colle Malaberghe (2224 m), Col des Seigneurs (2111 m), Passo di Tanarello (2045 m), Colla San Bernardo (1263 m), Colle del Garezzo (1767 m), Passo della Guardia (1461 m), Passo di Collardente (1599 m), Colla di Sanson (1694 m), Col Bertrand (1960 m), Colla di Langan (1127 m), Monte Ceppo (1480 m), Passo Ghimbegna (898 m), Col de Castillon (628 m), Col d'Erc (505 m), Col du Perus (654 m), Col de Brouis (879 m), Baisse de Peyrefique (2028 m)
Wintersperren und Befahrbarkeit: keine regelmäßigen Wintersperren. Ob die Ligurische Grenzkammstraße in allen Abschnitten tatsächlich befahrbar ist, stellt sich in der Regel erst vor Ort heraus. Nicht selten werden über Nacht Abschnitte der Strecke durch Geröllschüttungen unpassierbar. Ebenso gut können spontane Streckensperrungen durch die Behörden eine Weiterfahrt vereiteln.
Maut: ausschließlich mautfreie Strecken
Alternativroute: ab San Dalmazzo di Tenda Einstieg in die Ligurische Grenzkammstraße über die Baisse de Peyrefique. Nur mit einer Enduro befahrbar!
Ideale Reisezeit: Mai bis Oktober
Fahrerische Höhepunkte: Für den engagierten Enduristen ist die Ligurische Grenzkammstraße ein einziger Traum. Doch auch »Asphaltcowboys« kommen im Hinterland der Côte d'Azur voll auf ihre Kosten, bieten die kleinen Bergstraßen doch auf jedem Kilometer unermesslichen Fahrspaß.
Landschaftliche Höhepunkte: Die schönsten Ausblicke gibt es – verdientermaßen – für die Enduristen auf den Pässen der Ligurischen Grenzkammstraße.
Motorrad: Der gesamte Tourabschnitt im Bereich der Ligurischen Grenzkammstraße sollte ausschließlich mit einer Enduro angegangen werden. Schon mit leichten Straßenmotorrädern kommen dort selbst geübte Motorradfahrer schnell an ihre Grenzen. Eine leichte Straßenmaschine empfiehlt sich selbst schon für die asphaltierten Streckenschleifen im ligurischen Teil der Tour. Einzig der Tourabschnitt von der Côte d'Azur hinauf zum Start-/Zielort Limone Piemonte ist für schwere »Reisedampfer« geeignet.
Fahrerischer Anspruch: Diese Tour setzt hohes fahrerisches Können und fahrerische Kondition voraus, besonders was den geschotterten Teil der Tour angeht. Loses Geröll, starke Auswaschungen und hohe Felstreppen sind dort der Normalfall.
Tourismus: Französisches Fremdenverkehrsamt Maison de la France, Zeppelinallee 37, 60325 Frankfurt/M., www.de.franceguide.com;
www.rhonealpes-tourismus/de,
www.logishotels.com/de
Karten: Michelinkarten Local Nr. 18 340 »Provence-Alpes/Côte d'Azur« und Nr. 18 341 »Französische Riviera/Seealpen«, Maßstab 1 : 150.000;
Motorrad-Atlas »Alpenländer« von Hallwag, Maßstab 1 : 300.000

Hoch über den Wolken in den Ligurischen Alpen

Auf der Südrampe des Col de l'Iséran vor der Kulisse des 3637 m hohen l'Albaron und weiterer Dreitausender

Mit dem TOURENFAHRER durch die Alpen

Die Zeitschrift TOURENFAHRER bietet für Reisende viele spannende Anregung und nützliche Tipps zur Planung oder für unterwegs.

TOURENFAHRER Reise-DVDs
Zusammengestellt wurden die drei großen Transalp-Touren in diesem Buch im Rahmen von drei filmischen Reisedokumentationen. Die unterhaltsamen Filme sind der ideale Einstieg in die Reisevorbereitung oder bilden den perfekten Abschluss einer Alpendurchquerung.

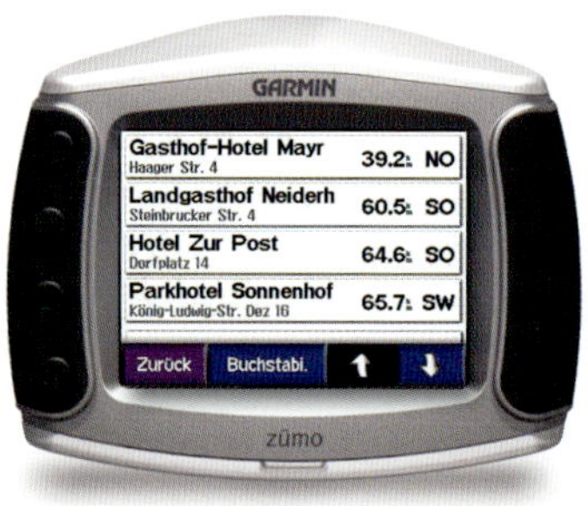

TOURENFAHRER Hotel Spezial
Wenn Sie unterwegs eine Übernachtungsmöglichkeit suchen, das »Hotel Spezial« des TOURENFAHRER kennt garantiert die besten Adressen. Die gedruckte Version erscheint einmal jährlich im Frühjahr als kostenlose Beilage. Garantiert immer die aktuellsten Informationen finden Sie im Netz unter www.tourenfahrer-hotels.de.

Unterwegs bleiben Sie mit der Web-App für alle internetfähigen Smartphones bestens informiert. Und nicht zuletzt gibt es die Hotels auch als POIs für Ihr Navigationsgerät.

Der TOURENFAHRER-Globus

Über 1000 Reisereportagen entstanden für den TOURENFAHRER weltweit. Gut 500 Hotels und Pensionen für Motorradfahrer listet unser Hotel-Spezial auf. Mehr als 200 hochwertig aufbereitete GPS-Touren zwischen Nordkap und Sizilien stehen als Downloads für alle gängigen Navigationsgeräte bereit. Darunter finden sich auch die GPS-Daten zu den in diesem Buch vorgestellten Touren. Diese unglaubliche Fülle an Daten haben wir nun als TOURENFAHRER-Globus in faszinierender Form und mit hohem Nutzwert aufbereitet. Alles, was Sie zum Betrachten benötigen, ist das kostenlose Programm »Google Earth«. Laden Sie sich unter www.tourenfahrer.de den TF-Globus als KML-Datei herunter und speichern Sie diese in Google Earth unter »Meine Orte«. Jedes Mal, wenn Sie Google Earth nun starten, erhalten Sie automatisch die aktuellsten Daten auf Ihrem TF-Globus. Besuchen Sie die Schauplätze der Reportagen oder die Drehorte der TF-Filme. Starten Sie zum virtuellen Rundflug entlang der GPS-Touren oder suchen Sie nach einem passenden Partnerhaus in Ihrer Zielregion.

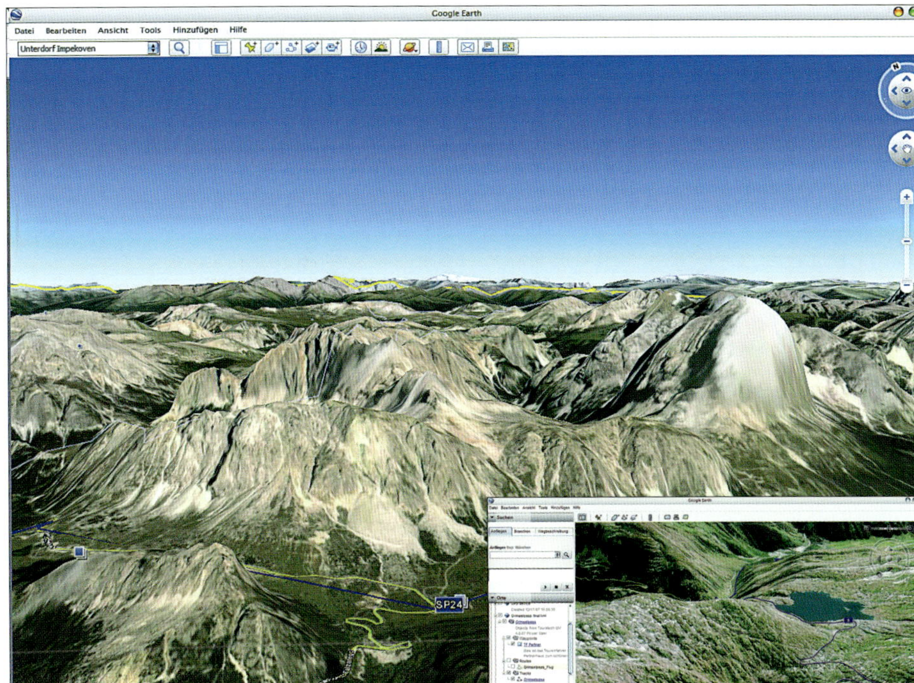

TOURENFAHRER GPS-Touren

Das Tourenportal des TOURENFAHRER liefert nicht nur die GPS-Daten der Alpentouren, sondern noch einiges mehr.

Die Routen aus diesem Buch finden Sie im Tourenportal des TOURENFAHRER auch als Download fürs GPS. Angeboten werden die Daten als KML-Daten für Google Earth und Becker-Navigationsgeräte, als ITN-Dateien für Tom Tom-Navis und als GPX-Daten. Letztere kann jedes Garmin-System und nahezu jede beliebige Navigationssoftware verarbeiten. Das Besondere an den Daten ist ihre hochwertige Umsetzung. Laden Sie die Tour einfach herunter, übertragen Sie sie in Ihr Navi, und starten Sie mit Sprachausgabe und dynamischer Routenführung. Das Tourenportal bietet über 200 GPS-Touren und viele Möglichkeiten. Betrachten Sie die Strecken aus der Vogelperspektive auf Satellitenaufnahmen, oder begleiten Sie uns zu einem virtuellen Rundflug in Google Earth.

easyROUTES GPS-Tourenplaner

Endlich ist er da, der wohl beste Tourenplaner aller Zeiten, das ideale Werkzeug, um kinderleicht Touren vorzubereiten und selbst große Sammlungen komfortabel zu verwalten.

Der easyROUTES-GPS-Tourenplaner ist das ideale Werkzeug, um kinderleicht Touren vorzubereiten und selbst große Sammlungen komfortabel zu verwalten. Einsteiger wie GPS-Profis finden sich in der klar strukturierten Software schnell zurecht. Eine Internetverbindung vorausgesetzt, lassen sich auf den detaillierten Online-Karten Touren erstellen und ans GPS senden. Zur Verfügung stehen mit den Open Streetmaps, Google Maps und Google Terrain drei der besten weltweiten Kartensätze. Der »easyROUTES-GPS-Tourenplaner« bietet eine perfekte Anbindung an die Welt der TOURENFAHRER-GPS-Touren. Bereits enthalten sind die Sammlungen der TF-Traumstraßen in Deutschland sowie exklusive Touren in Frankreich, Italien, Österreich, der Schweiz und in Skandinavien. Neben den reinen GPS-Daten bietet der Tourenplaner erstklassige Multimedia-Inhalte und direkte Online-Anbindung an tourenfahrer.de, an das TF- WebTV, an die TF-Scouts und natürlich an die easyROUTES. Weitere traumhafte GPS-Touren stehen direkt zum Download bereit. Nicht fehlen dürfen natürlich die TOURENFAHRER-Hotels, die inklusive aller Informationen zu Ausstattung, Leistungen, Kontaktdaten und Preisen hinterlegt sind. Wer noch nach einer passenden Anregung für die nächste Tour sucht, dem sei das TF-Reise-Archiv empfohlen, das ebenfalls im Lieferumfang enthalten ist. Es enthält alle Reisereportagen von 1998 bis heute und bietet von jedem Eintrag aus direkt die Möglichkeit, das entsprechende Heft nachzubestellen. Kompatibel ist der Tourenplaner mit Navis von Garmin, TomTom und vielen weiteren. Erhältlich ist die Software exklusiv als Download-Version unter www.easyroutes.de. Ein Muss für jeden Tourenfahrer.

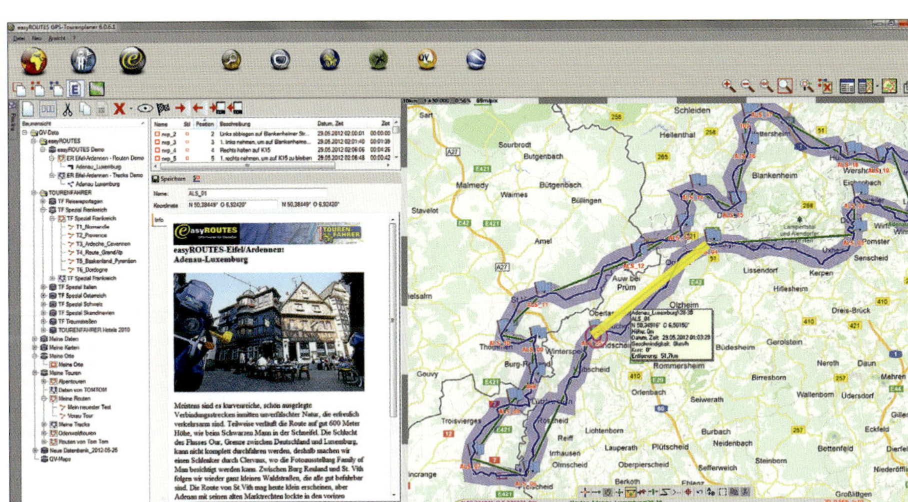

IMPRESSUM

Produktmanagement: Claudia Hohdorf
Layout: Elke Mader, München
Kartografie: Kartographie Huber, München
Repro: Cromika, Verona
Herstellung: Bettina Schippel
Printed in Italy by Printer Trento

Alle Angaben dieses Werkes wurden von den Autoren sorgfältig recherchiert und auf den aktuellen Stand gebracht sowie vom Verlag geprüft. Für die Richtigkeit der Angaben kann jedoch keine Haftung übernommen werden. Für Hinweise und Anregungen sind wir jederzeit dankbar. Bitte richten Sie diese an:

Bruckmann Verlag
Postfach 40 02 09
D-80702 München
E-Mail: lektorat@verlagshaus.de

Bildnachweis:
Alle Bilder stammen von Rudolf Kuhl.

Umschlagvorderseite: Am Col du Galibier (Tour 3)
Umschlagrückseite: Das Stilfserjoch, Alpenklassiker mit 48 Kehren (Tour 1)

Die Deutsche Nationalbibliothek verzeichnet diese Publikation in der Deutschen Nationalbibliografie; detaillierte bibliografische Daten sind im Internet über http://dnb.d-nb.de abrufbar.

ISBN 978-3-7654-5380-9